Ein knallroter kleiner Punkt im grünen Urwald: Das Erdbeerfröschchen, *Dendrobates pumilio*. Foto: I. Francais

Man nennt sie auch die Juwelen des Regenwalds – die bunten Pfeilgiftfrösche aus Süd- und Zentralamerika. Das Faszinierendste an ihnen sind die Farben. Manche Arten sind tiefblau, andere feuerrot, grün oder türkis. Doch nicht nur die leuchtenden Farbtöne machen sie zu lebenden Beispielen für den unglaublichen Einfallsreichtum der Natur. Hinzu kommen brillante Musterungen. Die Vielfalt ist so groß, dass jedes Exemplar auf der Welt einzigartig ist.

Das schillernde Aussehen dieser Frösche hat allerdings einen konkreten Sinn: Die Farben bedeuten eine Warnung. In der Haut einiger Pfeilgiftfroscharten lauern toxische Substanzen, mit denen nicht zu spaßen ist. Manche Arten sind sogar gefährlicher als die giftigste Schlange der Welt.

Dabei handelt es sich jedoch um eine reine Verteidigungsmaßnahme – gegen kleine und große Feinde. **Der Hintergrund:** Im heißen Klima des Regenwalds fühlen sich Bakterien und Pilze äußerst wohl. Da die Haut der Frösche immer feucht ist, wären sie normalerweise von diesen Erregern geradezu übersät. Doch das Gift bewahrt sie vor einer solchen Invasion. Außerdem sind einige Frösche so klein – viele Arten werden gerade mal 2 bis 3 cm groß –, dass sie ungeschützt eine leichte Beute, beispielsweise für Vögel oder Schlangen wären.

Dank des Gifts haben sie aber einen derart üblen Geschmack, dass sie von potentiellen Feinden schnell wieder ausgespuckt werden. Tiere, die einmal einen Pfeilgiftfrosch im Maul hatten, wiederholen dieses Erlebnis kein zweites Mal. Im Normalfall kommt der Feind jedoch mit dem Leben davon. Denn das Gift wirkt nur, wenn es in die Blutbahn gerät. Wer bereits gierig auf sein Opfer gebissen oder es gar runtergeschluckt

Streifen, Flecken und Farben: Der Färberfrosch, *Dendrobates tinctorius*, hier in der blauen Farbform, ist ein Blickfang für jedes Terrarium. Foto: J. Schmidt

hat, bezahlt diese Erfahrung mit dem Leben. Vor einem Feind hat der Schutzmechanismus die Frösche aber nicht bewahrt – dem Menschen. Die Chocó-Indianer, die in Kolumbien leben, nutzten sie, um mit dem Gift die Spitzen ihrer Jagdpfeile zu präparieren. Affen, Gürteltiere oder Vögel, die von einem solchen Giftpfeil getroffen wurden, starben nahezu augenblicklich an Muskel- und Atemlähmung. Dabei gingen die Ureinwohner nicht mit Pfeil und Bogen auf die Jagd – wie man es von den Indianer Nordamerikas her kennt – sondern benutzten Blasrohrpfeile aus Bambus. Diese Eigenschaft bescherte den Fröschen ihren Namen: Pfeilgiftfrösche. Allerdings machten sich die Indianer nur drei Arten zu Nutze: *Phyllobates terribilis*, *P. bicolor* und *P. aurotaenia*. Und nur die Vertreter dieser drei Arten sind extrem giftig. Der gefährlichste von ihnen – der Name lässt es vermuten – ist der *Phyllobates terribilis*. Übersetzt heißt das „schrecklicher Blattsteiger". Das Gift eines einzigen Exemplars dieser Art reicht aus, um neun erwachsene Menschen zu töten.

Die meisten der insgesamt rund 170 Arten sind wesentlich harmloser. Allerdings sind diese Frösche dann oft auch nicht so farbenprächtig. Man kann sagen: je farbenfroher ein Pfeilgiftfrosch ist, desto giftiger ist er. Und je giftiger er ist, desto selbstbewusster ist er auch. Schließlich müssen sich die giftigen Frösche nicht vor den anderen Regenwaldbewohnern in Acht nehmen, sondern können zu jeder Uhrzeit vor ihnen herumhüpfen. Der „schreckliche Pfeilgiftfrosch" hat es sogar nicht einmal nachts nötig, sich zu verstecken.

Hinzu kommt: Pfeilgiftfrösche sind tagaktiv. Ihr Aussehen und ihre muntere Art haben sie zu den interessantesten Terrarienbewohnern gemacht. Und das ist noch nicht alles: Diese Amphibien legen darüber hinaus eine ungewöhnlich fürsorgliche Brutpflege an den Tag. Sie bewässern den Laich, versorgen die Larven mit Futter und nehmen die Kaulquappen huckepack, um sie zum richtigen Zeitpunkt an eine Wasserstelle zu bringen. Aber die putzigen Tierchen sind keine Haustiere im herkömmlichen Sinne. Man kann sie nicht streicheln, mit ihnen spielen oder im Zimmer umher hüpfen lassen. Wer jedoch gerne beobachtet, der kann diesen exotischen Tieren große Freude abgewinnen.

Auch das Terrarium ist schon eine echte Augenweide. Da die Exoten unter ähnlichen Bedingungen wie in ihrer Heimat leben sollten, wird das Froschheim mit tropischen Pflanzen ausgestattet. Es muss regelmäßig besprüht werden, damit sich genügend Luftfeuchtigkeit entwickelt. Und wenn dann die Frösche mit ihren Rufen beginnen, kommt spätestens jetzt in Ihren vier Wänden eine authentische Regenwaldatmosphäre auf.

Vor dem Kauf muss das Terrarium jedoch vorbereitet werden. Es nimmt einige Zeit in Anspruch, bis darin ein echter kleiner Urwald wächst. Außerdem sollte man sich vor der Anschaffung ein wenig Grundwissen aneignen. Die Pflege der Pfeilgiftfrösche ist zwar nicht besonders kompliziert, hat aber einen Haken: Die Exoten fressen nur Lebendfutter wie Fruchtfliegen oder andere kleine Insekten. Dieses Futter wird von den meisten Pfeilgiftfroschfans selbst gezüchtet. Folglich muss man sich mit den Anforderungen einer Insektenzucht ebenfalls rechtzeitig vertraut machen. Die Zucht muss quasi schon laufen, bevor die neuen und immer hungrigen Mitbewohner einziehen.

Wenn das alles gewährleistet ist, steht dem Erwerb von Pfeilgiftfröschen nichts mehr entgegen. Doch machen Sie sich auf einen langen Zeitraum gefasst. So mancher Frosch kann bei artgerechter Haltung 18 Jahre alt werden. Und wen die „Pfeilgiftfroschleidenschaft" einmal erwischt hat, den lässt sie so schnell nicht mehr los ...

Dendrobates leucomelas, der Gelbgebänderte Baumsteiger, ist einer der buntesten Pfeilgiftfrösche. Bei guter Pflege kann er hierzulande bis elf Jahre alt werden.
Foto: J. Schmidt

Was sind Pfeilgiftfrösche?

Frösche gehören zu den Ureinwohner der Erde. Fossilfunde belegen, dass sie schon vor vielen Millionen Jahren unseren Planeten bevölkert haben – und zwar als Prototypen. Während der Evolution entwickelten sich aus ihnen Kriech-, Säugetiere und sogar Vögel.
Aber auch die Frösche selbst haben sich im Lauf der Zeit rund um den Globus in einer enormen Vielfalt weiterentwickelt. Heute gibt es Tausende von Arten. Da sie wechselwarme Tiere sind, können sie ihre Körpertemperatur nicht selbst regulieren und müssen den Körper durch die Außentemperatur aufheizen. Daher bevorzugen die Meisten von ihnen die feucht-warmen Gebiete unserer Welt. In Süd- und Zentralamerika ist die Artenvielfalt besonders groß. Hier leben neben den verschiedensten Kröten- und Laubfroscharten auch die Pfeilgiftfrösche. Doch während ihre Verwandten auch auf anderen Kontinenten zu finden sind, gibt es Pfeilgiftfrösche nur in diesem Teil der Welt. Man findet sie in Panama, Brasilien, Peru, Costa Rica und Guyana. Der Großteil der faszinierenden Exoten lebt im Amazonasgebiet.

Der Lebensraum

Alle Arten benötigen eine feuchte Umgebung. Daher sind Pfeilgiftfrösche häufig in der Nähe von Wasserläufen anzutreffen. Die meisten Populationen bevorzugen den tropischen Regenwald, der eine so hohe Luftfeuchtigkeit hat, dass er tags und nachts regelrecht dampft. Es gibt aber auch Pfeilgiftfrösche, die an Berghängen leben, wo es mitunter recht kalt werden kann. Und wiederum andere Arten sind sogar in recht trockenen Landstrichen beheimatet. Allerdings muss es in diesen Gegenden eine niedrige Vegetation geben, die viel Schatten spendet.

Unten links: Nomen est omen – *Phyllobates terribilis* ist der giftigste Pfeilgiftfrosch von allen. Mit seinem Gift präparierten die Indianer ihre Jagdpfeile. Foto: A. Norman

Um im Regenwald herumzuspazieren, muss man nicht unbedingt nach Südamerika fahren. Auch ein Besuch der Tropenhäuser in den Zoologischen Gärten gibt einen guten Eindruck von der schwülwarmen Atmosphäre. Foto: H. Gonella

Zwerge und Riesen: Das Lineal demonstriert anschaulich, wie unterschiedlich groß Pfeilgiftfrösche sein können. Grafik: T. Pfeffer

Boden- und Baumbewohner

Die Mehrheit lebt auf dem Laub der Erde. Doch es gibt auch begeisterte Kletterer. Manche Pfeilgiftfrösche verbringen die meiste Zeit auf Büschen oder Sträuchern, andere erklimmen sogar die Baumkronen der Urwaldriesen bis in eine Höhe von zwanzig Metern. Diese Luftikusse sind im Allgemeinen kleiner als ihre Verwandten auf dem Boden. Damit sie so hoch über der Erde nicht austrocknen, nutzen sie Pflanzen als Wasserquelle – und zwar Bromelien. In den Blattachseln dieser tropischen Pflanzen sammeln sich immer kleine Pfützen. Die hübschen Erdbeerfröschchen beispielsweise sind in den Bromelien sogar zu Hause. Die Tages- und Nachttemperaturen in diesen unterschiedlichen Lebensräumen schwanken zwischen 18 und 27 °C, die Luftfeuchtigkeit beträgt 70 bis 100 %.

Das Verhalten

Pfeilgiftfrösche sind tagaktiv. Und viele Arten haben den Ruf, alles andere als scheu zu sein. Die Meisten der kleinen Gesellen sind munter und neugierig. Sie lungern im Terrarium vor der Scheibe herum oder platzieren sich auf anderen einsehbaren Plätzen. Es gibt aber auch ein paar vorsichtigere Vertreter, die sich am liebsten ins Dickicht verziehen. Doch wirklich verallgemeinern kann man das Verhalten nicht, denn auch Pfeilgiftfrösche haben eine Persönlichkeit.
In Ruheposition sieht man die Zwerge selten. Die meiste Zeit bewegen sie sich mit kurzen Sprüngen fort oder klettern. Dabei sind sie im Allgemeinen recht flink – und das aus gutem Grund. Pfeilgiftfrösche verbringen ihr Leben im Wesentlichen mit der Futtersuche. Erhöht sich die Luftfeuchtigkeit im Terrarium, so beginnen die Frösche zu singen. Der „Lärmpegel" ist von Art zu Art verschieden. Manche Pfeilgiftfrösche trillern lauthals, andere zirpen melodisch oder schnarren kaum wahrnehmbar. Meist ist das der Auftakt zur Fortpflanzung.

Bitte nicht erschrecken: Jeden Morgen, kurz nachdem das Licht angegangen ist, häuten sich die Frösche. Sie recken und strecken sich, bis die Haut platzt. Anschließend fressen sie die abgeworfene Hülle sofort wieder auf.

Die Körpermerkmale

Die meisten Pfeilgiftfrösche werden 2 bis 3 cm groß. Die kleinste bekannte Art ist der *Minyobates minutus* mit 1,2 cm. Die Riesen unter ihnen erreichen eine maximale Körpergröße von 6 bis 7 cm.
Dendrobaten haben ein T-förmiges Endglied an jeder Finger- und Zehenkuppen. Diese Haftscheiben geben ihnen Halt beim Klettern. Bei ihrer Entwicklung durchlaufen sie eine Metamorphose. Kaulquappen leben wie Fische im Wasser und haben Kiemen, die ausgewachsenen Frösche atmen mit Lungen.

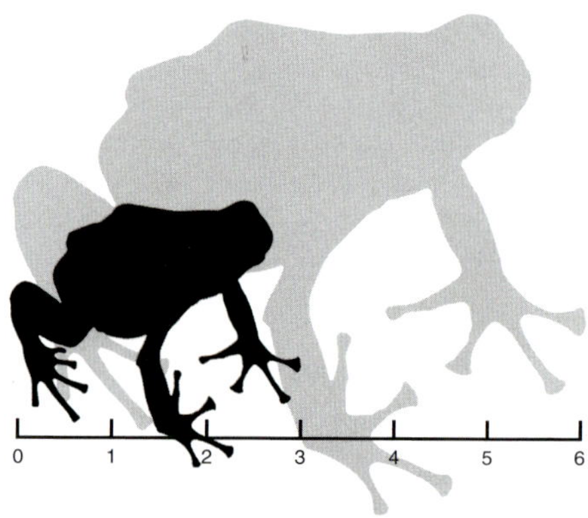

Seine Haftscheiben an den Finger- und Zehengliedern sind dem Färberfrosch eine große Hilfe beim Klettern. Foto: J. Schmidt

„Der kleine Unterschied“: Männchen oder Weibchen?

Etwa nach einem Jahr wird ein Vertreter der Gattung *Dendrobates* geschlechtsreif, Exemplare der Gattung *Epipedobates* sind etwas schneller. Allerdings ist die Frage: Männchen oder Weibchen? Bei Pfeilgiftfröschen fast nie leicht zu beantworten, da die Geschlechter nahezu identisch aussehen.

Tipp: Erwachsene Weibchen sind meist etwas größer und fülliger. Männchen haben dagegen eine schmalere Kopf- und Hüftpartie. Manchmal kann man sie auch an der Kehlfalte der Schallblase erkennen. Und bei einigen Arten sind die Haftflächen an den Fingerspitzen ausgeprägter.

Am verlässlichsten kann man die Geschlechter am Balzverhalten unterscheiden. Wenn ein Tier zu rufen beginnt, handelt es sich um ein Männchen. Setzten Sie die Frösche vorübergehend in einen kleinen Behälter und nebeln sie diesen stark ein. Wer sich jetzt bemerkbar macht, ist ein Herr.

Das Wissen um die Pfeilgiftfrösche

Neben dem Namen „Pfeilgiftfrösche“ ist „Dendrobaten“ die Bezeichnung, unter der man die tropischen Amphibien hierzulande kennt. Doch beide Begriffe sind nicht ganz richtig. Wie bereits erwähnt, benutzten die Indianer nur drei Arten zur Präparierung der Giftpfeile. Das Wort Dendrobate wiederum kommt aus dem griechischen und bedeutet übersetzt Baumsteiger. Doch nicht alle Frösche klettern auf Bäume. Im Lauf der Geschichte haben die Mini-Frösche außerdem noch weitere Namen bekommen. Man nennt sie auch Blattsteiger oder Blattsteigerfrösche, Färberfrösche und Farbfrösche sowie Giftfrösche oder Blasrohrpfeilgiftfrösche.

Systematische Ordnung

Pfeilgiftfrösche gehören zur Klasse der Amphibien (Amphibia), zur Ordnung der Froschlurche (Anura) und zur Familie der Dendrobaten (Dendrobatidae). Ihre nächsten Verwandten sind die amerikanischen Regenfrösche (Leptodactylidae). Sieben Gattungen gehören derzeit zur Familie Dendrobatidae: *Colostethus* (rund 100 Arten), *Epipedobates* (30 Arten), *Dendrobates* (26 Arten), *Minyobates* (10 Arten), *Mannophryne* (8 Arten), *Phyllobates* (5 Arten) und *Aromobates* (1 Art).
Allerdings handelt es sich bei diesen Angaben um einen vorläufigen Stand der Wissenschaft. Da der Regenwald noch nicht bis in die letzte Ecke erforscht ist, werden immer wieder neue Mitglieder der Froschwelt entdeckt. Erst vor kurzem hat man den kleinen schwarz-gelben *Dendrobates claudiae* aufgestöbert – und da musste man schon ganz genau hinschauen:

Dieser Zwerg wird gerade mal 1,3 cm groß. Oft werden die Frösche übrigens nach den Pfeilgiftfroschforschern und -entdeckern benannt. So erhielt der *Epipedobates silverstonei* seinen Namen zu Ehren von Mister Silverstone.

Doch längst nicht alle Frösche eignen sich für die Haltung im Terrarium. Üblicherweise kommen dafür nur drei Gattungen in Frage: *Dendrobates*, *Epipedobates* und *Phyllobates*. Dabei ist *Dendrobates* die gängigste Gattung. Insgesamt werden gerade mal 20 Arten überhaupt häufiger im Terrarium gehalten und nachgezüchtet. Die übrigen Arten findet man normalerweise nur in freier Wildbahn.

Die Frösche und ihr Gift

Froschgifte zählen zu den stärksten Tiergiften überhaupt. Doch keine Angst: Darüber müssen sich Terrarienbesitzer normalerweise nicht den Kopf zerbrechen. Denn die Frösche produzieren die Giftstoffe nicht selbst. Sie nehmen sie über ihre Nahrung zu sich. Man geht davon aus, dass bestimmte Insektenarten – wie Ameisen – ihnen in ihrem natürlichen Lebensraum die Rohstoffe für die Giftproduktion liefern. Im Froschkörper werden die aufgenommenen Substanzen dann in Hautgifte umgewandelt.

Giftig, aber fürsorglich: Dieser *Phyllobates terribilis* trägt seine Kaulquappen huckepack.

Da die Frösche im Terrarium mit anderen Futtertieren versorgt werden, die sie nicht in Gift umwandeln können, sind Nachzuchten unproblematisch. Der Nachteil: Ohne das Gift haben die Frösche keinen Schutzmantel mehr gegen Pilze und Bakterien. Um einen Befall zu verhindern, muss man daher bestimmte Regeln bei der Haltung unbedingt beachten.

Vorsicht gilt jedoch bei Wildfängen. Ein Tier aus dem Regenwald ist zunächst giftig. Und es verliert seine Hautgifte im Terrarium nur langsam. Warum? Es häutet sich regelmäßig und frisst seine eigene Haut wieder auf. Damit recycelt es vermutlich seine Nährstoffe – und eben auch das Gift. Dieser Umstand ist – neben dem Artenschutz – ein triftiger Grund nur Nachzuchten zu kaufen!

Extrem giftige Arten, wie *Phyllobates terribilis* und *P. bicolor*, gehören generell nicht in Anfängerhände. Sie werden im Handel zwar nur selten angeboten, sind aber unter Froschliebhabern durchaus zu bekommen. Immerhin lauert in diesen (auch bei den Indianern so beliebten Fröschen) eines der tödlichsten Gifte der Natur: **Batrachotoxin**. Die meiste Menge davon versteckt sich in der Haut des „schrecklichen Pfeilgiftfroschs". Gelangt das Gift auf die Haut eines anderen Tiers oder eines Menschen, so führt es „nur" zu starkem Brennen und Jucken. Allerdings ist dieses Brennen so stark, dass man es sogar durch einen Gummihandschuh hindurch spürt.

Dringen jedoch winzige Mengen des Giftes – zum Beispiel durch einen kleinen Kratzer – in die Blutbahn ein, werden Nerven- und Muskelzellen dauerhaft geschädigt. Infolge dessen können die Nervenzellen keine Informationen mehr weiterleiten, die Muskelzellen stellen ihre Arbeit ein. Das Resultat sind Herzrhythmusstörungen, Atembeschwerden und Herzversagen. Ein Antiserum existiert nicht.

Doch auch die Arten, deren Gifte weniger stark sind, darf man nicht unterschätzen. Auch ihre Hautgifte können bereits in geringen Konzentrationen Symptome wie heftige Schwindelgefühle und Übelkeit hervorrufen. Dabei produzieren alle Pfeilgiftfrösche nicht nur ein bestimmtes Gift, sondern ein Gemisch aus verschiedenen Substanzen. Einen kleinen Giftcocktail sozusagen.

Im Terrarium verliert der Schreckliche Pfeilgiftfrosch, *Phyllobates terribilis*, seine Giftigkeit. Foto: J. Schmidt

Wie ist die Rechtslage?

Eigentlich sollten die Frösche durch ihre Warnfarben und ihre Hautgifte einen sicheren Schutz vor Feinden haben. So hat es die Natur vorgesehen. Doch dieser Panzer bewahrt sie nicht vor ihrem größten Feind: dem Menschen. Schon in den vergangenen Jahrhunderten fielen viele der hübschen Amphibien den Indianerstämmen zum Opfer. Dabei hatte es der *Phyllobates terribilis* übrigens noch am besten. Zusammen mit seinen Artgenossen wurde er in ein Bastkörbchen gepackt. Dort strichen ihm die Indianer mit den Pfeilspitzen über den Rücken. Hatten sie einen *Phyllobates bicolor* und *Phyllobates aurotaenia* eingefangen, ging es wesentlich unsanfter zur Sache. Diese Frösche wurden ausgespießt und „schwitzten" ihr Gift über dem Feuer aus. Noch heute gibt es Indianerstämme, die mit Froschgiftpfeilen auf die Jagd gehen. Doch das ist nicht der Grund, warum die faszinierenden Tiere mittlerweile vom Aussterben bedroht sind.

Raubbau am Regenwald

Um Anbauflächen oder Weideland zu gewinnen wird der Urwald gerodet – und zwar in einem enorm großen Ausmaß. Nach wie vor werden pro Jahr 15 Millionen Hektar Regenwald zerstört. Das entspricht der halben Bundesrepublik. Sogar von Raumfähren aus ist der brennende Regenwald im Amazonasbecken zu sehen. Wer den Amazonas besucht, kann diese Zerstörung unter Umständen am eigenen Leib erleben. An der gleichen Stelle, an der letztes Jahr noch ein Urwald stand, befindet sich heute vielleicht schon eine Bananenplantage. Dieser Raubbau an der Natur führt nicht nur zur weltweiten Klimaveränderungen, sondern zerstört auch den Lebensraum der Pfeilgiftfrösche.

Erschwerend kommt hinzu, dass Pfeilgiftfrösche nicht sehr viele Eier produzieren. Außerdem werden einige der letzten Biotope von Händlern geradezu geplündert. Um diesem Exodus vorzubeugen haben, die Herkunftsländer mittlerweile bestimmte Quoten festgelegt, die bestimmen, wie viele Frösche pro Jahr ausgeführt werden dürfen.

Findet in der Natur immer weniger Platz zum Leben – der Färberfrosch, *Dendrobates tinctorius*. Foto: J. Schmidt

Wo früher der Urwald wucherte, stehen heute Industrieanlagen – wie diese Fabrik am Amazonas bei Manaus. Foto: B. Degen

Kaufen Sie nur Nachzuchten

Aus diesem Grund (und weil Wildfänge giftig sind) sollte man keine Importe kaufen oder gar selbst nach Deutschland schmuggeln. Hinzu kommt: Wer in Ländern wie Panama oder Costa Rica mit einem Pfeilgiftfrosch im Gepäck erwischt wird, dem drohen saftige Gefängnisstrafen von mehreren Jahren oder hohe Geldstrafen von über 1000 Euro pro Tier.

Auch der deutsche Zoll hat ein wachsames Auge auf Eigenimporte. Hierzulande verstößt man mit einem illegalen Eigenimport unter anderem gegen das Artenschutzgesetz.

Wie Papageien oder exotische Kleintiere, so zählen auch Pfeilgiftfrösche zu den geschützten Tieren und stehen auf der Liste des Washingtoner Artenschutzabkommens. Die Einfuhr ist auch gar nicht notwendig. Pfeilgiftfrösche können hierzulande gut nachgezüchtet werden.

Ein weiterer Vorteil: Während Wildfänge in der Regel schon durch den langen Transport geschwächt wurden, sind Nachzuchten gesund und häufig auch robuster. Diese vielen Gründe haben inzwischen dazu geführt, dass mittlerweile nur noch die wenigsten Frösche das Licht der Welt im Urwald erblicken.

Die Anmeldung

Um zu beweisen, dass die Tiere legal erworben wurden, muss man alle Neuzugänge (wie auch alle Abgänge) der zuständigen Landesbehörde melden. Allerdings ist dafür bei uns nicht immer die gleiche Behöre zuständig. Mal muss man sich an die untere Landschaftsbehörde wenden, mal an die obere Naturschutzbehörde und mal an das Landesamt für Ökologie. Fragen Sie bei Ihrer Stadtverwaltung oder dem Umweltamt nach, welches der richtige Ansprechpartner für Sie ist.

Für die Anmeldung ist ein Herkunftsnachweis erforderlich. Lassen Sie sich vom Verkäufer eine Bescheinigung ausstellen, aus der hervorgeht, dass die Tiere aus Züchtungen stammen. Neben Rechnungen werden auch Schenkungs- oder Tauschbelege akzeptiert. Achten Sie darauf, dass der Beleg möglichst viele Angaben enthält. Ganz wichtig sind der deutsche und der wissenschaftliche Name der Art, die Anzahl der Tiere und der Name sowie die Adresse des Züchters oder Händlers. Darüber hinaus sollte man das Geschlecht der Frösche (falls erkennbar) vermerken, ebenso die Geburtsdaten der Tiere. Auch Angaben zu den Elterntieren sowie zum Zuchtbuch des Züchters sind hilfreich. Wer Tiere importieren will, benötigt eine CITES-Bescheinigung.

Die Anschaffung

Kaufen Sie nur Frösche, die gesund sind und artgerecht gehalten wurden. Wer sich aus Mitleid für ein krankes oder schwaches Exemplar entscheidet, der wird dem Tier im allgemeinen nicht helfen können. Sind die Exoten einmal angeschlagen, sterben sie mit hoher Wahrscheinlichkeit.

Und: Erwerben Sie bitte nur Nachzuchten aus Deutschland. Importe aus Mittelamerika werden in der Regel schon durch den Transport reichlich in Mitleidenschaft gezogen.

Der Gesundheitscheck

Das beste Merkmal für einen vitalen Frosch ist sein Verhalten. Wenn die Tiere Ihrer Wahl munter herumhüpfen, ist das ein sehr gutes Zeichen. Aufschluss gibt zudem ein Blick auf die Bauchseite. Die Frösche dürfen nicht abgemagert sein. Wenn man unter der Haut schon die Knochen sehen kann, sollte man vom Kauf auf jeden Fall Abstand nehmen. Ein weiterer Hinweis auf ein krankes Tier ist der Kot. Dieser darf nicht flüssig sein.

Auch das Gespräch mit dem Verkäufer trägt zur Klärung bei: Macht er einen kompetenten Eindruck? Hat er Spezialwissen und kann Ihre Fragen beantworten? Sind Sie bei der Wahl des Verkäufers unsicher, dann lassen Sie sich einen Händler oder Züchter empfehlen. Anfänger sollten am besten einen Bekannten mitnehmen, der sich mit Pfeilgiftfröschen auskennt.

Tipp: Da man bei jungen Tieren die Geschlechtsunterschiede noch nicht erkennen kann, werden meist Fünfer-Gruppen verkauft. Da hat man eine gute Chance, dass sich mindestens ein Pärchen darunter befindet. Überzählige erwachsene Männchen oder Weibchen kann man dann später mit anderen Pfeilgiftfroschbesitzern tauschen.

Atemberaubend schön, aber nichts für Anfänger: Die Zucht der Erdbeerfröschchen ist extrem schwierig, da sie ihren Nachwuchs mit speziellen Nähreiern großziehen. Foto: I. Francais

Züchter und andere Verkaufstellen

Es gibt mehrere Möglichkeiten, Pfeilgiftfrösche zu erstehen. In manchen Zoofachgeschäften gehören sie mittlerweile sogar zum Sortiment. Doch nicht jeder Verkäufer hat das nötige Fachwissen. Hobbyzüchter sind im Allgemeinen eine gute Adresse. Ein begeisterter und erfahrener Froschliebhaber hat immer ein profundes Know-how. Außerdem bekommt man von einem solchen Experten meist noch einige zusätzliche Tipps mit auf den Weg.
Darüber hinaus hat man bei einem Pfeilgiftfroschfan in der Regel ausgiebig Zeit, sich die Exemplare auszusuchen. Weiterer Vorteil: Aus privater Hand sind die Tiere im Allgemeinen preisgünstiger. Eine gängige Art kann man sogar von einem Hobbyzüchter schon mal geschenkt bekommen. Das gilt auch für Kaulquappen. Adressen finden Sie im Kleinanzeigenmarkt einschlägiger Publikationen wie den Zeitschriften der DGLZ.

Terraristikbörsen

Auch Börsen stellen eine gute Einkaufsmöglichkeit dar. Spezielle Froschbörsen finden hierzulande jährlich zweimal statt: im Frühjahr in Marktheidenfeld und im Herbst in Rüsselsheim. Und dort ist das Angebot wirklich vielfältig. Neben zahlreichen Nachzuchten kann man tropische Pflanzen für das Terrarium, Zubehör und Futtertiere ergattern. Außerdem sind die Experten bei diesen Fachmessen unter sich. Es wird gefachsimpelt was das Zeug hält. Man erhascht also leicht den einen oder anderen nützlichen Praxistipp. Ideal ist es, wenn Sie bei dieser Gelegenheit einen erfahrenen Hobbyzüchter kennenlernen, der in der Nähe Ihres Wohnorts wohnt.
Auch Terraristikbörsen lohnen den Besuch. Auf ihnen ist die Auswahl an Pfeilgiftfröschen zwar nicht so groß, dafür gibt es aber jede Menge Zubehör. Unbedingt empfehlenswert ist die Terraristika in Hamm. Diese weltweit größte Börse findet zweimal pro Jahr statt, im Frühjahr sowie im Herbst.

Wer die Wahl hat, hat die Qual – mittlerweile gibt es viele Orte, an denen man gesunde Pfeilgiftfrösche und gutes Terrarienzubehör kaufen kann.

Kosten

Die Preisspanne ist breit gefächert. Es kommt immer darauf an, für welche Art man sich begeistert. Für den Anfänger eignen sich generell billigere Tiere – schon aus ökonomischen Gründen. Einige der gängigen Arten sind bereits für wenige Euro zu bekommen. Auch das kostenlose Tauschen ist unter Froschliebhabern nicht unüblich. Etwas seltenere Frösche schlagen ab rund 50 Euro zu Buche, nach oben sind kaum Grenzen gesetzt. So werden für besonders beliebte Arten schnell mal mehrere hundert Euro geboten. Zwei Regeln gelten jedoch für jede Art: Erwachsene Exemplare sind teurer als Jungtiere und auch Paare sind kostspieliger als Einzeltiere. Da die Kosten je nach Anbieter schwanken, sollte man sich nicht scheuen, die Preise zu vergleichen. Auf Börsen kann man sogar handeln. Manche Stände sind mittlerweile allerdings so beliebt, dass sie regelrecht belagert werden. Um die erste Wahl zu haben, hilft nur eins: früh aufstehen.

Vom Transport bis zur Eingewöhnung

Wie transportiere ich meine Neuerwerbung sicher nach Hause? Wie wichtig ist Quarantäne und welche Arten harmonieren miteinander? Diese Fragen stellen sich viele frisch gebackene Froschbesitzer zu Recht. Denn in dem Augenblick, in dem der Frosch den Besitzer wechselt, wechselt auch die Fürsorgepflicht. Und um lange Freude an seinem Mitbewohner zu haben, muss man vom ersten Moment an alles richtig machen.

Die richtige Verpackung

Wer sich auf einer Börse einen oder mehrere Frösche kaufen möchte, der muss die passende „Verpackung“ im Handgepäck haben. Denn da es sich um exotische Amphibien handelt, die nicht nur eine bestimmte Temperatur sondern auch eine hohe Luftfeuchtigkeit brauchen, kommt dem richtigen Transport nach Hause eine große Bedeutung zu. Generell eignet sich eine kleine dunkle Box am besten für den Transport. Der Frosch schläft im Dunkeln oder ist zumindest inaktiv, und in dem kleinen Raum der Box besteht für den Frosch nur geringe Verletzungsgefahr.

Empfehlenswert ist eine Styroporbox, in die eine kleine Plastikbox gelegt wird. Ein solches Set bekommen Sie in der Apotheke. Um der Erstickungsgefahr vorzubeugen versehen Sie das Behältnis mit mehreren kleinen Luftlöchern. Für Luftfeuchtigkeit sorgt angefeuchtetes Küchenpapier, mit dem der Boden der Plastikbox ausgelegt wird.

Tipp: Bei längeren Wegen empfiehlt es sich, dem Wärmeverlust mit einer Wärmflasche vorzubeugen. Im Winter sollte man die Box bei einer Pause auf einer längeren Autofahrt mit in die Raststätte nehmen. Und natürlich darf man den Frosch in den heißen Monaten auch nicht im Auto brüten lassen. Im Sommer ist es generell ratsam, die Box mit einer Flasche Wasser zu kühlen. Auf diese Weise lässt sich innerhalb Deutschlands jede Entfernung bewältigen. Insgesamt gilt jedoch die Devise: Je kürzer der Weg, desto besser.

Die Quarantäne

Wenn Sie bereits ein Terrarium mit Pfeilgiftfröschen haben, dann dürfen Sie die Neuzugänge nicht sofort integrieren. Alle frisch erworbenen Frösche müssen zunächst in einem Quarantäne-Terrarium untergebracht werden – zur Beobachtung. Diese Maßnahme ist enorm wichtig und trägt zum Schutz Ihres alten Bestands bei. Bedenken Sie: Ein einziger kranker Frosch kann sämtliche seiner Artgenossen anstecken. Im schlimmsten Fall verlieren Sie alle Frösche!

Als Quarantäne-Station genügt ein kleines Terrarium. Dieses sollte einfach zu reinigen und möglichst steril sein. Als Bodenbelag eignen sich Schaumstoff oder Küchenpapier. Wichtig ist, dass Temperatur und Luftfeuchtigkeit stimmen. Außerdem müssen ein Wasserbecken sowie Versteckmöglichkeiten vorhanden sein. Verwenden Sie am besten eine „Wegwerf-Einrichtung“ aus Filmdosen und Plastikpflanzen. Gestalten Sie die Übergangsbehausung insgesamt etwas lichter, um die neuen Frösche gut beobachten können.

Bevor ein neuer Frosch ins Terrarium einziehen darf, muss man einige Vorsichtsmaßnahmen beachten. Denn Neuzugänge können Krankheitserreger einschleppen. Foto: bede-Verlag

Damit sich der Neuling langsam an die Bedingungen seiner zukünftigen Heimstätte gewöhnen kann sollten Sie nach einer Weile etwas Inventar (wie eine Wurzel o. ä.) aus dem Haupt-Terrarium in Quarantäne-Terrarium überführen. Auf diese Weise wandern ein paar Bakterien aus dem Terrarium mit und der Frosch ist auf den Umzug gut vorbereitet.

Und darauf müssen Sie während der Quarantänezeit achten: Sind die Neuzugänge munter und hüpfen herum oder ziehen sie sich permanent zurück? Haben sie einen gesunden Appetit oder magern Sie ab? Und – ganz wichtig – fühlen sich die Frösche wohl in Ihrer Haut? Oder kratzen sie sich und zeigen Hautveränderungen? Ist alles in Ordnung, dürfen die Quarantäne-Patienten nach acht Wochen umsiedeln.

Welche Frösche passen zusammen?

Man kann durchaus zwei verschiedene Arten in einem Terrarium halten. Man sollte aber dabei zwei Punkte beachten: Kleine Froscharten fressen nur winzige Insekten. Dieses Mini-Futter schmeckt aber auch den größeren Fröschen gut. Wenn sie nun Davids und Goliaths zusammensetzen, gehen die kleinen Frösche bei der Futteraufnahme unter Umständen leer aus.

Achten Sie ferner darauf, dass sie nur Arten zusammensetzen, die sich nicht paaren. Zwar lassen sich manche nah verwandten Arten durchaus kreuzen, aber das ist unter Pfeilgiftfroschliebhabern verpönt. Denn bei diesem Hobby geht es darum, die Art zu erhalten, so wie sie in der Natur vorkommt. Und da es in freier Wildbahn eben mehr Platz gibt, gehen sich die Vertreter der verschiedenen Arten dort aus dem Weg.

Nicht alle Frösche harmonieren miteinander – es kommt auf die Art und das Geschlecht an. Foto: bede-Verlag

Weibchen sind Streithähne

Das Hauptproblem bei Pfeilgiftfröschen: Häufig kommen die Froschdamen (auch Artgenossinnen) nicht mit einander aus. Während Männchen meist nur aus Rivalität während der Balz oder aus Sorge ums Gelege aggressiv werden, kann sich das bei den Weibchen zum Dauerzustand entwickeln – mit dramatischen Folgen. So kommt es durchaus vor, dass ein Weibchen ein anderes regelrecht unterdrückt. Und dieses Verhalten bedeutet für das unterlegene Tier puren Stress. Es wird anfälliger für Pilzerkrankungen und stellt irgendwann das Fressen ein.

Wenn Sie eine Gruppe Jungtiere gekauft haben, hilft nur eins: Sie müssen die Rangordnung während des Aufwachsens beobachten, die Tiere gegebenenfalls trennen und die Gruppe neu zusammenstellen. Generell darf man nicht zu viele Tiere zusammensetzen. Denn je größer die Besatzdichte, desto höher ist der Stressfaktor.

Eine paarweise Haltung ist immer empfehlenswert, manchmal harmonieren auch größere Gruppen von vier bis fünf Fröschen. Dies kann beispielsweise bei einigen *Phyllobates*-Arten sogar von Vorteil sein, da sich die Männchen dann gegenseitig zur Paarung anstacheln.

Ob Steine, Wurzeln oder Blätter – damit sich die Frösche im Terrarium wohl fühlen, müssen genügend Versteckmöglichkeiten für alle Bewohner vorhanden sein.
Foto: H. Gonella

In ihrer Heimat halten sich die Pfeilgiftfrösche vorzugsweise in der Nähe des Wassers auf. Eine kleine Wasserfläche sollte daher auch im Terrarium nicht fehlen. Foto: H. Gonella

Die Haltung

Im Lauf von Jahrmillionen haben sich die Exoten ihrem feuchtwarmen, tropischen zu Hause angepasst. Damit sich die faszinierenden Einwanderer in unseren Breitengraden ebenso wohl wie in ihrer Heimat fühlen, müssen die Haltungsbedingungen den ursprünglichen Lebensraum bestmöglichst gleichen. Allen Forscharten gemeinsam ist: Sie brauchen ein feuchtes Umfeld. Bekommen sie das nicht, besteht die Gefahr, dass sie vertrocknen. Je nach Art haben die empfindlichen Amphibien jedoch auch individuelle Ansprüche. Deswegen sollte man sich über die natürlichen Lebensumstände seiner Frösche genau informieren (siehe Kapitel: Arten). Im Zweifelsfall hilft auch das Gespräch mit anderen versierten Haltern oder Züchtern weiter.

Das Terrarium

Natürlich können Sie in Ihrem Wohnzimmer keinen Urwaldriesen pflanzen, aber das Froschdomizil sollte so eingerichtet sein, dass es zumindest an die grüne Heimat der kleinen Immigranten erinnert – und zwar in punkto Temperatur, Luftfeuchtigkeit, Größe und Ausstattung.

Ganz wichtig ist: Das Terrarium muss luftdurchlässig sein. Ohne Luftaustausch kann es zu Schimmelbildung kommen. Allerdings darf die Lüftung nicht dazu führen, dass sich die Futterinsekten in Ihrer Wohnung tummeln. Die Gefahr ist nicht von der Hand zu weisen. Denn die Futterinsekten sind so winzig, dass sie schon durch kleinste Schlitze und Löcher entfleuchen können. Mit optimaler Bauart und der Verwendung der richtigen Materialien kann man das verhindern.

Pfeilgiftfrösche brauchen Platz

Pfeilgiftfrösche gehören zu den kleineren Lebewesen unserer Erde. Doch das bedeutet nicht, dass diese Tiere wenig Raum benötigen. Im Gegenteil: Um der Spezies ein artgerechtes Leben zu ermöglichen, muss man ihnen so viel Platz wie möglich gönnen. Auf der anderen Seite sollte man das Domizil mit so wenig Fröschen wie möglich bevölkern.

Als Minimum für eine Gruppe von drei bis fünf Vertretern einer kleineren Art gelten die Maße 60 x 40 x 50 cm (oder 50 x 50 x 50 cm). Besser für die Frösche ist es jedoch, wenn das Terrarium größer – und auch tiefer ist. Denn dann können sie sich auch in den Hintergrund zurückziehen. Für den Besitzer bringt das aber wiederum einen gewissen Nachteil mit sich. Bietet das Terrarium viele Schlupfwinkel, dann lassen sich die Frösche nur selten blicken. Folglich kann man sie nicht mehr gezielt füttern. Auch die Kontrolle des Gesundheitszustands gestaltet sich dann als schwierig.

Generell ist der Platzbedarf von Art zu Art verschieden. Bei den Boden bewohnenden Froscharten (und um die handelt es sich zumeist) ist es immer okay, wenn sich die Behausung eher in die Länge als in die Höhe erstreckt. Kletterbegeisterte Baumbewohner brauchen mehr Höhe als Breite.

Die Bauart

Das Terrarium sollte aus Glas (oder Kunststoff) bestehen. Da eine gut funktionierende Be- und Entlüftung unbedingt notwendig ist, erfordert die Haltung von Pfeilgiftfröschen jedoch eine besondere Bauart. Somit ist ein einfaches Aquarium als Domizil ungeeignet.

Generell erfolgt die Belüftung im unteren Bereich. Da sich die einströmende Luft im Terrarium erwärmt, steigt sie von selbst nach oben und wird dort entlüftet. Ideal ist ein Be- und Entlüftungsschacht nach dem Kaminprinzip, der die Luft an der Frontscheibe entlang führt. So wird ein Beschlagen des Glases verhindert. Ein Ventilator stellt keine Alternative dar, denn die Exoten reagieren auf Zugluft empfindlich.

Damit die Futterinsekten nicht entweichen können, müssen die Lüftungsstreifen mit Edelstahldraht abgedeckt sein. Die Löcher darin dürfen nicht größer als 0,5 mm sein. Damit sich kein Wasser staut, sollte die Bodenplatte außerdem ein leichtes Gefälle nach vorne aufweisen und einen Abfluss haben.

Sie können ein Aquarium, dessen Scheiben mit Silikon verklebt wurden, auch selbst umbauen. Doch mittlerweile gibt es im Fachhandel speziell für tropische Frösche fertige und hervorragend funktionierende Modelle, die letztendlich gar nicht viel teurer sind als der Eigenbau. Eine gute Auswahl fertiger Terrarien und Zubehör finden Sie im Internet unter anderem unter: www.terrarientechnik.de

Fast wie im Regenwald: Ein sorgfältig bepflanztes Terrarium ist schon ohne Pfeilgiftfrösche eine Augenweide. Foto: H. Custers

Hinweis:
Empfehlenswert für Terrarien mit Schiebetüren ist der Einsatz einer Dichtlippe zwischen den Öffnungen. Diese Zusatzabdichtung verhindert, dass die Futtertiere unbemerkt ausreißen können.

Wer mehrere Terrarien betreibt, sollte einen Extra-Kellerraum mit ihnen bestücken. Auf diese Weise lässt sich die Be- und Entlüftung auch einfacher in den Griff bekommen. Denn in diesem Fall müssen Sie nicht die einzelnen Terrarien beheizen, sondern den ganzen Raum. Damit das funktioniert, muss der Raum sehr gut isoliert sein. Bauen Sie die Fenster zu und installieren Sie zwei Schächte. Einer ist für die Belüftung zuständig, der andere für die Entlüftung. Die verbrauchte Luft wird mit Hilfe eines Ventilators nach draußen befördert. Beide Schächte werden in regelmäßigen Abständen geöffnet. Kleine Ventilatoren über den Terrarien sorgen für eine optimale Verteilung (ohne dass die Frösche Zugluft abbekommen). In einem Kellerraum, der auf diese Weise präpariert wird, reicht die Wärme der Lampen aus, um die Luft zu erwärmen – meist sogar im Winter.

Standort

Pfeilgiftfrösche sind sehr empfindlich und müssen vor Zugluft geschützt werden. Deshalb darf das Exoten-Domizil nicht in der Nähe von Fenstern oder Türen stehen. Auch direkte Sonnenstrahlung ist tabu. Sie könnte die Luft im Terrarium zu stark aufheizen. Als wechselwarme Tiere haben die Frösche kaum Möglichkeiten, die hohen Temperaturen auszugleichen – sie würden vertrocknen.

Temperatur

In den Tropen ist es heiß – aber nicht überall. Auf dem feuchten Boden im Schatten des Regenwalds herrschen weitaus geringere Temperaturen als an anderen Stellen im Urwald. Deshalb ist eine Temperatur von 40 °C oder mehr nicht aufs Pfeilgiftfrosch-Terrarium übertragbar. Je nach Art benötigen Pfeilgiftfrösche Temperaturen zwischen 24 und 28 °C. Klettert die Temperatur im Terrarium darüber hinaus, kann es schnell zu einer lebensgefährlichen Überhitzung der Frösche kommen.

Für die Wärmeerzeugung reicht oftmals schon die Lampe aus, die das Terrarium mit Tageslicht versorgt. Wird die erforderliche Wärme durch die Beleuchtung nicht erreicht, empfiehlt sich ein Heizkabel oder eine Heizmatte. Bei Arten, die es auch nachts warm brauchen, ist eine Extra-Wärmeversorgung oft unerlässlich. Zusatzheizungen werden unter dem Terrarium installiert.

Generell muss es nachts im Terrarium etwas kühler sein. Wie groß dieser Unterschied ist, schwankt allerdings von Art zu Art. Bei manchen Fröschen, die ursprünglich aus den Bergen stammen, kann die Temperatur sogar bis auf 3 °C absinken. Beim Flachlandfrosch ist eine Nachtabsenkung von 3 bis 6 °C sinnvoll.

Tipp:
Achten Sie bitte darauf, dass es in den oberen Regionen des Terrariums durch die Beleuchtung nicht zu heiß wird. Das wäre vor allem dann schade, wenn es sich bei Ihren Fröschen um begeisterte Kletterer handelt. Deren Bewegungsspielraum würde dadurch unnötig eingeschränkt!

In den Blattachseln der Bromelien sammelt sich im Urwald das Wasser. Fürs Tropenterrarium sind diese Pflanzen ebenfalls hervorragend geeignet – das findet auch der *Dendrobates leucomelas*, Gelbgebänderter Baumsteiger. Foto: J. Schmidt

Beleuchtung

Für die Frösche ist die Beleuchtung nicht ganz so wichtig wie für andere Reptilien. Denn sie leben in den dunkleren Regionen des Waldes. Dennoch: Auch durch das dichte Blätterdach dringt Tageslicht. Und das brauchen die Frösche – wie wir Menschen auch – für den Knochenaufbau. Durch UV-Licht wird im Körper die Bildung von Vitamin-D3 angeregt. Dieser Vitalstoff ist dafür zuständig, dass Calcium verarbeitet werden kann. Kommt es dagegen zu einem Vitamin-D-Mangel, droht Knochenerweichung (Rachitis).

Um diese Gefahr bei der Terrarienhaltung auszuschließen gibt es zwei Alternativen: Entweder Sie versorgen Ihre Frösche mit speziellen Vitamin-D3-Präparaten oder Sie statten das Froschdomizil mit einer UV-Lampe aus. Verwenden Sie dafür spezielle Leuchtstoffröhren, die für Reptilien und Amphibien geeignet sind. Achten Sie aber bitte darauf, dass der jeweilige UV-A- und UV-B-Anteil den Bedürfnissen Ihrer Pfeilgiftfrösche entspricht und entsprechend niedrig dosiert ist.

Hinweis: Kaulquappen benötigen auf jeden Fall UV-A- und -B-Licht. Sie sollten einmal pro Woche 15 Minuten damit bestrahlt werden. Auch für die Pflanzen ist das Tageslicht ein Lebenselixier. Allerdings benötigen die Meisten keine UV-Strahlen.

Die Dauer der Beleuchtung sollte sich generell am natürlichen Rhythmus im Regenwald orientieren. Dort ist es in der Äquatorregion zwölf Stunden hell und zwölf Stunden dunkel. Dazwischen liegt nur eine kurze Phase der Dämmerung. Das Licht kann also mit einer einfachen Schaltuhr gesteuert werden.

Luftfeuchtigkeit

Pfeilgiftfrösche brauchen eine Luftfeuchtigkeit von 70 bis 100 %. Um die Mittagszeit darf die Luftfeuchte schon mal auf 70 % sinken. Durch Einnebeln wird sie ein- bis zweimal pro Tag auf 100 % erhöht.

Hierfür stehen Ihnen mehrere Möglichkeiten zur Verfügung. Sie können das Terrarium selbst mit einer Sprühflasche einnebeln. In warmen, trockenen Monaten ist das zweimal täglich notwendig. Im Winter genügt einmal täglich.

Ausnahme: Das Terrarium steht in einem zentralgeheizten Raum. In diesem Fall müssen Sie es das ganze Jahr über zweimal pro Tag einnebeln.

Ideal sind Sprühflaschen mit einem Fassungsvermögen von 5 l. Sie sollten eine verstellbare Düse haben und einen feinen Nebel erzeugen sowie einen kräftigen Strahl.

Wenn Sie längere Zeit nicht zu Hause sind oder mehrere Terrarien besitzen, ist eine manuelle Vorgehensweise allerdings unpraktisch. Dann sollten Sie besser die Technik zu Hilfe nehmen und einen automatisch gesteuerten Vernebler oder eine Beregnungsanlage einbauen. Achten Sie dann unbedingt darauf, dass der Drainageabfluss stets geöffnet ist, damit sich kein überschüssiges Wasser im Bodengrund des Terrariums staut. Ein präzises Hygrometer zur Kontrolle der Luftfeuchtigkeit ist in jedem Fall unerlässlich.

Tipp: Ein Wasserteil im Terrarium ist generell hilfreich, um die hohe Luftfeuchtigkeit zu halten. Im warmen Klima verdunstet das Wasser von alleine.

Wichtig: Auf keinen Fall darf das Terrarium ständig nass sein, da man den Fröschen die Möglichkeit bieten muss, auch auf einer trockenen Stelle sitzenzukönnen. Dieses gilt ebenfalls für die Terrarienpflanzen. Auch diese müssen nach einer Beregnung abtrocknen können. Eine Beregnungspause von einem Tag in der Woche ist bei einem eingefahrenen Terrarium durchaus sinnvoll.

Außerdem sollte man einmal im Jahr eine Trockenzeit simulieren. Da sich Frösche vor allem bei hoher Luftfeuchtigkeit paaren, verschafft das den fortpflanzungsfreudigen Fröschen eine kleine Verschnaufpause. In dieser Phase bekommen die Frösche jedoch nur etwas weniger Feuchtigkeit als in der restlichen Zeit.

Die Wasserqualität

Überall in Deutschland findet man eine andere Wasserqualität vor. Es kommt immer darauf an, wo man wohnt. Normalerweise stellen Chlor und Schadstoffe im hiesigen Leitungswasser kein Problem dar. Allerdings gibt es im Bundesgebiet viele Landstriche, die ein sehr hartes (kalkhaltiges) Wasser haben. Um die Beschaffenheit Ihres Leitungswassers zu testen, sollten Sie eine Probe entnehmen und diese im Fachgeschäft für Aquaristik messen lassen.
Wasser, das fürs Terrarium verwendet wird, darf kein Chlor enthalten und muss schadstoff- und kalkarm sein. Kalk schadet zwar den Fröschen nicht, aber den Pflanzen. Ist das Wasser zu hart, könnten die Pflanzen sogar absterben. Hinzu kommt: Verdunstet kalkhaltiges Wasser, so bleiben weiße Krusten auf Scheiben und Pflanzen zurück – diese lassen sich nur schwer wieder entfernen.

Hartes Wasser – was tun?

Haben Sie hartes Leitungswasser, müssen Sie es aufbereiten. Hierfür eignen sich Wasserfilter, wie sie auch für die Tee- und Kaffeezubereitung benutzt werden. Sie können aber auch so genanntes Osmose-Wasser im Aquarienfachgeschäft kaufen. Das ist nicht besonders teuer. Zur Not kann man auch mal destilliertes Wasser mit gutem Leitungswasser mischen. Die Nutzung von frischem Regenwasser ist ebenfalls sinnvoll. Warten Sie aber bitte den ersten Guss ab. Denn die ersten Tropfen bringen noch viel Staub und Schmutz mit. Wer viele Terrarien hat, sollte sich zu Hause eine eigene Osmose-Anlage installieren. Ergiebigkeit: Aus 4 l Leitungswasser erhält man nur 1 l, der fürs Terrarium geeignet ist.

Wird das Terrarium eingenebelt, so beginnt das Konzert der Pfeilgiftfrösche. Auch der eher seltene *Dendrobates histrionicus* fängt dann an zu singen – und hofft, vielleicht ein Weibchen anzulocken. Foto: I. Francais

Ein kleiner Regenwald entsteht nicht über Nacht. Es braucht seine Zeit, bis alles eingerichtet ist. Foto: H. Custers

Wandverkleidung und Bodensubstrat

Um die Tropen bestmöglichst zu kopieren, sollte man Seitenwände wie auch die Rückwand des Terrariums verkleiden. Empfehlenswert sind Xaximfarn- oder gebackene Korkplatten, die mit den Wänden verklebt werden. Bei beiden Materialien handelt es sich um biologische Produkte, die sich für hohe Luftfeuchtigkeit eignen. Ideal ist das teurere Xaximfarn. Auf diesem Farngewächs gedeihen Moos und andere Pflanzen besonders gut. Außerdem sind bestimmte Sporen bereits in der Platte enthalten. So wachsen Farne und Moose nach einer Weile wie von allein. Auch als Bodensubstrat sind Xaximfarn- oder Korkplatten empfehlenswert.

Tropische Pflanzen

Ein Pfeilgiftfrosch-Terrarium bietet nicht nur in punkto Temperatur und Luftfeuchtigkeit Regenwaldatmosphäre. Ganz wichtig sind auch die richtigen Pflanzen. Deswegen wird jeder Pfeilgiftfrosch-Besitzer über kurz oder lang unweigerlich zum Hobbygärtner.

Farne und Moose verbreiten sich im tropischen Terrarium generell hervorragend. Gerade das pflegeleichte Moos findet hier so gute Bedingungen, dass es sich wunderbar vermehrt und den Boden und die Seitenwände lebendig macht. Javamoos, *Vesicularia dubyana*, ist dafür besonders gut geeignet. Die hübschen Bromelien mit ihren großen roten Blüten gedeihen im feuchtwarmen Klima ebenfalls ausgezeichnet. Fürs Terrarium verwenden Sie am besten kleinwüchsige Bromelien ohne Stacheln. Gleiches gilt für viele grüne Tillandsien.

Empfehlenswert sind ferner Maranthen, kleinblättrige Philodendren sowie einige Begonienarten. Sie alle brauchen keine Erde, sondern werden an den Seitenwänden festgeheftet. Haben sie Wurzeln geschlagen, entfernt man die Klammern wieder. Orchideen eignen sich nur für größere Terrarien. Viele Orchideen sind sehr empfindlich, was die Luftfeuchtigkeit betrifft, es gibt aber durchaus geeignete Arten.

Die meisten dieser Pflanzen findet man in Spezial-Gärtnereien oder auf Börsen. Die eine oder andere Art kann man auch im Blumenladen erstehen. **Wichtig ist:** Spülen Sie alle Pflanzen gründlich ab, bevor Sie diese ins Terrarium setzen.

Hinweis: Nehmen Sie nie Pflanzen mit Stacheln oder messerscharfen Rändern. Sie bilden eine Verletzungsgefahr für die Frösche. Und damit genug Platz für die Frösche bleibt, müssen wuchernde Pflanzen regelmäßig gestutzt werden. Dafür verwenden Sie am besten eine Pflanzenschere.

Wichtiger Hinweis: Will man ein Terrarium einrichten, braucht man Geduld. Es dauert neun bis zwölf Monate bis aus dem Gehäuse ein kleiner Biotop geworden ist. Wer es eilig hat, kann auch ein bepflanztes Terrarium kaufen. Doch die Ungeduld hat ihren Preis: Ein fix und fertiges Terrarium kostet circa 1700 Euro.

Einrichtung

Die Pflanzen sind nicht nur eine Augenweide, sie dienen den Fröschen auch als Deckung. Obwohl die Exoten aufgrund ihrer Warnfarbe nicht sonderlich scheu sind, ziehen sie sich dennoch gerne mal in die Tiefen des Mini-Urwalds zurück. Kleinere Arten verstecken sich häufig unter Eichenblättern oder in Filmdosen. Ideal – vor allem für größere Arten – sind hohle Rindenstücke, Kokosnusshälften sowie tönerne Blumentöpfe. Solche Unterschlupfmöglichkeiten werden von den Fröschen außerdem auch mal fürs Schäferstündchen genutzt. Wenn Sie eine kletterfreudige Art besitzen, dann schaffen Sie Ihnen durch Äste verschiedene Ebenen.

Da sich die meisten Froscharten in ihrer natürlichen Umgebung fast immer in der Nähe eines Bachs oder Rinnsals aufhalten, sollte ihnen auch im Terrarium eine Wasserstelle vergönnt sein. Das Wasser muss mindestens alle zwei Tage gewechselt werden. Wird ein Bachlauf oder ein Wasserfall mit einer Pumpe betrieben, sollte man außerdem regelmäßig den Wasserstand kontrollieren, damit die Pumpe nicht trocken läuft.

Je nach Geschmack kann man das Terrarium zusätzlich mit weiteren Einrichtungsgegenständen versehen. Neben hübschen Steinen zählen Wurzeln aus Tropenholz zu den optischen Highlights. Sie werden im Herkunftsland meist aus dem Wasser gefischt und verrotten nur sehr langsam. Auch ein modellierter Wasserfall macht sich gut. Solche Spielereien basteln ambitionierte Froschhalter allerdings in der Regel selbst. Das gehört zum Hobby einfach dazu. Bitte achten Sie aber stets darauf, dass nur schadstofffreie Objekte ins Terrarium gelangen.

Die Gestaltung eines solchen Mini-Bioptops erfordert einen „grünen Daumen“. Doch die Mühe lohnt sich. Foto: Tilmann

Die Pflege

Pfeilgiftfrösche sind ein anspruchsvolles Hobby. **Dennoch:** Wenn man sich das nötige Wissen angeeignet hat und ein eingerichtetes Terrarium sein eigen nennt, dann ist die Haltung dieser Exoten eigentlich gar nicht so aufwendig. Bei einem kleinen Terrarium, das lediglich von ein paar Fröschen bewohnt wird, muss man nur wenige Minuten pro Tag für die Pflege opfern. Zu den regelmäßigen Aufgaben – neben dem Füttern und Besprühen – gehört die Reinigung des Wasserbeckens. Außerdem sollten abgestorbene Pflanzenteile entsorgt werden. Ab und an wird man auch die Algen von der Frontscheibe entfernen müssen. Hierfür werden Algenschaber für Aquarien verwendet. Befindet sich eine Laubschicht auf dem Boden, so sollte sie zweimal jährlich ausgetauscht werden.

Ansonsten muss ein perfekt eingerichtetes Terrarium nur alle paar Jahre komplett ausgeräumt und gründlich sauber gemacht werden. Das Einzige, was die Haltung von Pfeilgiftfröschen erschwert, ist die Futterversorgung. Denn die Exoten fressen nur Lebendfutter. Man muss die Futtertiere entweder kaufen oder selbst züchten. Jeder künftige Pfeilgiftfroschbesitzer sollte sich vor der Anschaffung über diesen Aufwand im Klaren sein.

Nur Lebendfutter: Auch der Färberfrosch, *Dendrobates tinctorius*, ist ein begeisterter Jäger – und wie seine Artgenossen kaum satt zu bekommen. Foto: J. Schmidt

Damit die Pflanzen nicht die Blätter und die Frösche nicht die Köpfe hängen lassen, muss das Tropenterrarium auch während der Urlaubszeit gut versorgt werden.
Foto: H. Gonella

Urlaubszeit

Ist das Terrarium perfekt eingerichtet, kann man die (zuvor gefütterten) Frösche maximal eine Woche allein lassen. Denn bei jeder Fütterung entkommen immer ein paar Insekten. Diese vermehren sich von alleine im Terrarium. Eine Reserve, die in der „sauren Gurkenzeit" von den Fröschen verspeist werden kann. Will man längere Zeit abwesend sein, muss man sich allerdings um die Versorgung kümmern.

Und das ist nicht ganz einfach: Pfeilgiftfrösche gehören nicht zu den Haustieren, die man – wie ein Kaninchen – einem Freund in Pflege gibt. Sie eignen sich auch nicht, wie Hunde oder Katzen, für die Tierpension. Auch kann man sie nicht mit einem Futterautomaten versorgen, wie das bei Fischen der Fall ist. Und mitnehmen lässt sich so ein Terrarium in den Urlaub erst Recht nicht. Die einzige Möglichkeit, um unbeschwert verreisen können: Sie brauchen einen Betreuer, der Ihre Lieblinge ebenso sachverständig versorgt wie Sie selbst. Ideal ist, wenn Sie einen Gleichgesinnten kennen, der in der Nähe Ihres Wohnorts lebt. Dann können Sie sich bei der Urlaubspflege sogar abwechseln.

Die andere Variante ist: Sie lernen jemanden an. Dem künftigen Pfeilgiftfrosch-Sitter müssen sie zunächst die Pflege erklären. Lassen Sie ihn anschließend ein paar Tag alle notwendigen Schritte unter Ihrer Aufsicht ausführen. Denn oft merkt man erst in der Praxis, wo Schwierigkeiten oder weitere Fragen auftauchen. Um den Pfleger nicht zu überfordern, sollten Sie ihm jedoch nicht auch noch die Zucht der Futtertiere übertragen. Kümmern Sie sich darum, dass genügend Futter zur Verfügung steht und bestellen Sie gegebenenfalls ein Futterabo für den Zeitraum.

Vergessen sie nicht Ihre Handy-Nummer (oder die Telefonnummer Ihres Hotels) zu hinterlassen. Lassen Sie für den Notfall ebenfalls die Telefonnummer eines erfahrenen Tierarztes, Händlers, Züchters oder eines erfahrenen Bekannten da.

Auf dem Speiseplan der Pfeilgiftfrösche steht einiges, was so kreucht und fleucht. Das Hauptfutter besteht aber aus Fruchtfliegen, *Drosophila* spp.
Fotos: bede-Verlag

Die Ernährung

Pfeilgiftfrösche brauchen kein Wasser (nur zur Fortpflanzung). Ein kleiner Wassernapf dient lediglich als Flüssigkeitsreserve. Der Wasserstand darin darf nicht höher als ein Zentimeter sein.

Wie oft werden Pfeilgiftfrösche gefüttert

Jungtiere müssen täglich gefüttert werden. Ausgewachsenen Pfeilgiftfrösche bekommen zwei- bis dreimal pro Woche Futter. Dabei ist die richtige Portionierung wichtig. Erhalten sie zu wenig Futter, leiden sie Mangel. Zuviel des Guten kann ihnen aber auch schaden – und zwar aus zwei Gründen: Erstens können auch Pfeilgiftfrösche dick werden. Zweitens stresst es die Frösche, wenn sich zu viele Insekten auf einmal im Terrarium tummeln.

Praxis-Tipp zur Portionierung

Stellen Sie bei jeder Fütterung zusätzlich ein Schälchen mit einem Bananenstück ins Terrarium. Verwenden Sie dafür am besten alte Banane. Denn die reife Frucht schimmelt nicht so schnell wie junge Banane. Dieses Obst lockt die Fruchtfliegen an, die sich auf das Bananenstück setzen. So lange Fliegen auf der Banane sitzen, haben die Frösche genug zu fressen.

Weiterer Vorteil: Auch die Fliegen fressen weiter und enthalten somit mehr Inhaltsstoffe, wenn sie vertilgt werden. Außerdem legen die Fruchtfliegen ihre Eier in dem Bananenstück ab und die geschlüpften Maden bereichern das Futterangebot zusätzlich. **Übrigens:** Bevor Sie einen Frosch auf Diät setzen, sollten Sie lieber zweimal hinschauen. Vielleicht handelt es sich bei dem Prachtexemplar um ein trächtiges Weibchen und das darf nicht hungern!

Was fressen Pfeilgiftfrösche?

Eine artgerechte Futterversorgung ist das A & O gesunder Frösche. Allerdings akzeptieren die Exoten, anders als die meisten anderen Haustiere, kein Fertigfutter. Pfeilgiftfrösche fressen ausschließlich Lebendfutter. In ihrer Heimat stehen die kleineren Angehörigen der Insektenwelt auf ihrem Speiseplan. Wie Untersuchungen des Mageninhalts von Pfeilgiftfröschen gezeigt haben, essen sie vor allem Ameisen und Termiten. An zweiter Stelle stehen Springschwänze, Spinnen und Läuse. Dieses „Tropical Food“ kann man ihnen hierzulande nicht bieten und das ist auch ganz gut so. Denn immerhin gelten die Amazonas-Ameisen als Rohstofflieferanten für die Giftproduktion.
Doch keine Sorge. Es gibt genug schmackhaften Ersatz wie Fruchtfliegen, Springschwänze, Grillen, tropische Asseln, Ofenfischchen, Blattläuse, Raupen, Spinnen, Mücken oder frisch geschlüpfte Wachsmottenlarven. Insgesamt sollte man die Futterversorgung der Frösche immer etwas variieren. Denn je abwechslungsreicher die Menüfolge ist, um so gesünder für das Tier – und man erzielt bessere Zuchterfolge.

Generell kann man das Pfeilgiftfroschfutter auf drei Arten besorgen:

1. Sie sammeln es selbst in der Natur ein. Das ist die gesündeste Art der Futterversorgung, aber auch die zeitaufwendigste. Deswegen ist diese Methode nur geeignet, um den Speiseplan ab und an zu bereichern.

2. Sie kaufen das Futter im Handel oder bestellen beim Profifutterzüchter ein Futterabonnement. Dann werden Ihnen die Insekten per Post nach Hause geschickt. Diese Variante ist zwar praktisch, aber auf lange Sicht ein erheblicher finanzieller Aufwand. Schließlich sind die meisten Frösche keine Kostverächter, sondern geradezu verfressen.

3. Sie züchten die Futtertiere selbst, wie es die meisten Pfeilgiftfroschfans tun. Der „Eigenanbau“ ist billiger und gehört zum Hobby einfach dazu.

Wiesenplankton

Abwechslungsreiche Kost bekommt dem Frosch ebenso gut wie dem Menschen. Deswegen sollte man seine Lieblinge wenigstens ab und zu mit Wiesenplankton versorgen – auch wenn man dabei unter Umständen von den anderen Spaziergänger etwas merkwürdig gemustert wird.
Als Jagdwaffe empfiehlt sich ein klassischer Kescher. Damit streifen Sie alle möglichen Arten von Insekten auf der Wiese über der Grasnarbe ab. Im hohen Gras befinden sich vor allem große und im kurzen Gras überwiegend kleine Insekten.

Natürlich sollte man nur selten befahrene Wald- oder Feldwege wählen und nicht in der Nähe von Feldern, die mit Chemie behandelt werden, auf „Jagd gehen“.

Tipp: Benutzen Sie dazu das Auto. Fahren sie mit mäßiger Geschwindigkeit und halten Sie den Kescher raus. Auf diese Weise kann man in fünf Minuten fünf Gläser Insekten sammeln.

Zu große Insekten aber auch Käfer mit harten Panzern werden aussortiert. Das gilt auch für Kleintiere, die sich zur Wehr setzen, wie Bienen. Auch die heimischen Ameisen können Sie vergessen. Sie werden von den Fröschen meist verschmäht. Alles restliche Kleinzeug wie Fliegen, Blattläuse, Raupen, Falter, kleine Käfer, Grashüpfer, Grillen, Mücken, Asseln, Spinnen oder Weberknechte ist ein prima Froschfutter.

Tipp: Malen Sie ein Konservenglas von außen schwarz an und versehen Sie den Deckel mit kleinen Löchern. Wenn Sie nun das Wiesenplankton in das Glas füllen, können sie sicher sein, dass nur kleine Insekten durch die Löcher entweichen können. Die Frösche werden gierig auf dem Deckel sitzen und darauf warten, bis die Leckerchen hervorkriechen.

Immer wenn Sie zwischendurch ein geeignetes Insekt entdecken, wie eine kleine Spinne im Keller, dann sollten ihren Fröschen diese Abwechslung gönnen. Ein weiterer Vorteil von diesem frischen Froschfutter-Mix ist: Sie müssen bei der Verfütterung keine Extraportion Vitamine beigeben.

Wer Pfeilgiftfrösche halten möchte, muss dafür sorgen, dass sie genug zu fressen bekommen. Die dafür notwendigen Futterinsekten, wie beispielsweise die Fruchtfliegen, *Drosophila* spp., kann man kaufen oder selber züchten. Foto: bede-Verlag

Fliegenhaus: Hier wird ein Stück Banane hineingegeben. Diese zieht die Fruchtfliegen an und die Frösche fressen so meist an einem Ort. Auf diese Weise kann man sie sehr gut beobachten und beispielsweise im Hinblick auf mögliche Krankheiten kontrollieren. Fotos: C. Steimer

Die Zucht der Futterinsekten

Für die Heimzucht eignen sich verschiedene Insektenarten. Uneingeschränkt zu empfehlen sind Fruchtfliegen, Springschwänze, Weiße Asseln und Ofenfischchen. Grillen und Wachsmottenlarven eignen sich nur bedingt. Ameisen dagegen sollten tabu sein. Gerade Anfänger versuchen häufig Ameisen als Futtertiere zu züchten. Doch sie schmecken den Fröschen nicht besonders gut. Und wenn Sie aus dem Terrarium ausbüchsen, können sie sich zu einer echten Plage entwickeln. Nehmen Sie auch bitte keine Getreideschimmelkäfer. Entfleuchte Exemplare machen sich in der Küche wirklich über alles her.

Bedenken Sie bitte: Auch das Züchten funktioniert nicht von allein. Zunächst braucht man entsprechende Boxen (Einmachgläser und Plastikbecher), alte Nylonstrümpfe für die Abdeckung, Nährbrei und gegebenenfalls eine Heizmatte. Auch muss man sich um die Zucht kümmern. So ist es unumgänglich, immer wieder neue Behältnisse anzulegen, die Futtertiere zu füttern und gegebenenfalls bestimmte Größen auszusortieren.

Vitamine sind wichtig

Um Nährstoffmangel vorzubeugen, sollten alle Futterinsekten kurz vor der Verfütterung mit einem Spezialpulver bestäubt werden, das Vitamine, Calcium, Aminosäuren und Spurenelemente enthält. Und so gehts: Sie brauchen zwei leere Einmachgläser und einen großen Trichter. Den Deckel des Einmachglases stanzen Sie aus, so dass nur der Rand übrigbleibt. Die entstandene Öffnung bedecken Sie mit Gaze. Zur Verfütterung stecken Sie den Trichter in die Öffnung des Einmachglases. Schütten sie das Pulver und die Insekten in den Trichter. Nun verschließen Sie das Einmachglas mit dem Deckel. Schütteln Sie das Glas und stellen es kopfüber auf ein anderes offenes Einmachglas. So fällt das überschüssige Pulver heraus. Jetzt verfüttern Sie den lebenden Inhalt des Glases. Hinweis: Um zu verhindern, dass sich die Inhaltsstoffe verflüchtigen, muss das Spezialpulver stets gekühlt und gut verschlossen aufbewahrt werden.

Extra-Tipp:
Für die Zucht einiger Futterinsekten ist eine relativ hohe Temperatur notwendig. Um Energie zu sparen können Sie die Zuchtbox bei einigen Arten auf die Beleuchtungsanlage des Terrariums stellen. Überprüfen Sie bitte, ob die Temperatur tatsächlich erreicht wird. Ansonsten sorgt eine Heizmatte für die nötige Wärme.

Fruchtfliegen (*Drosophila*)

Auch in der Natur fressen Pfeilgiftfrösche Fruchtfliegen. Allerdings stehen sie dort an letzter Stelle der Futterartenliste. Bei der Terrarienhaltung stellen sie aufgrund der leichten Vermehrbarkeit jedoch die Hauptnahrungsquelle dar.

Bei Fruchtfliegen handelt es sich um Insekten, die eigentlich jeder kennt. Gemeint sind die winzigen, nicht mal 5 mm großen Fliegen, die überreifes Obst in den warmen Monaten umschwärmen. Doch keine Angst: Sie brauchen keine Fliegeninvasion zu befürchten. Es gibt flugunfähige Sorten – eine kleinere und eine größere Art. Und genau die sollten Sie für die Zucht verwenden. Außerdem lassen sich die flugunfähigen Exemplare von bodenbewohnenden Fröschen besser erhaschen.

Beim Futtertierzüchter oder im Zoogeschäft bekommen Sie den Grundstock für die Zucht. Sollte man Ihnen flugfähige Exemplare untergejubelt haben, geben Sie die Insekten wieder zurück. Fruchtfliegen kann man in kleinen Plastikboxen oder in Gläsern (0,5 bis 1 l Volumen) züchten. Rund 30 bis 40 Fliegen passen hinein. Für die Zucht genügt die normale Raumtemperatur. Ideal sind 25 bis 28 °C. Heißer darf es nicht werden. Wenn die Temperatur über 30 °C klettert, vermehren sich die Fliegen nicht mehr.

Für die Ernährung der Fliegen eignet sich Fertigsubstrat aus dem Fachhandel. Sie selbst müssen dann nur noch Wasser hinzufügen. Viele Pfeilgiftfroschbesitzer schwören jedoch auf selbst zubereiteten Nährbrei. Zig Rezepte dafür kursieren in Internet-Foren und auf Stammtischen. Der Klassiker ist zerdrückte, überreife Banane, die mit Hafermehl vermischt wird.

Für die Zucht von Fruchtfliegen, *Drosophila*, eignen sich Einmachgläser aus dem Supermarkt. Foto: C. Steimer

Dieser Brei muss zunächst im Wasserbad abgekocht werden. Dann lässt man ihn abkühlen und gibt ein wenig aktive Hefe hinzu. Nun sollte er einige Tage ruhen. Anschließend füllt man ihn bis zu einer Höhe von 1 bis 2 cm ins Zuchtgefäß. Darauf wird ein wenig geknülltes Papier gelegt.

Als Abdeckung dient ein Seidenstrumpf, der mit einem Gummiband befestigt wird. Eine dichte Abdeckung ist sehr wichtig – und zwar weniger in Bezug auf Ausbrecher als auf Einbrecher.

Der Gepunktete Blattsteiger, *Phyllobates histrionicus*, weiß eine gute Fruchtfliegenmahlzeit zu schätzen. Foto: bede-Verlag

Flugfähige Fruchtfliegen, die immer mal wieder durch jede Wohnung schwirren, paaren sich gar zu gerne mit ihren flugunfähigen Artgenossen. Und das kann sogar durch die Abdeckung hindurch geschehen. Die Folge: Die Flugfähigen sind in der Erbfolge dominant und die nächste Fruchtfliegen-Generation fliegt wieder. Ist das passiert, gehen Sie mit dem Zuchtansatz umgehend vor die Tür und lassen Sie die Flieger entweichen. Den Rest sollten Sie sofort verfüttern und das Glas entsorgen. Die Aufzucht vom Ei bis zur verfütterungsreifen Fliege dauert bei der kleineren flugunfähigen Variante 14 Tage, bei der größeren 21 Tage.

Tipp zur Menge: Drei bis vier Frösche vertilgen ungefähr eine Zucht pro Woche. Setzen Sie daher alle sieben Tage eine neue Zucht an und werfen Sie den alten Ansatz weg. Damit kein Notstand aufkommt, sollten Sie in mindestens zwei Gläsern gleichzeitig züchten. Stellen Sie zum Verfüttern niemals die Zuchtdose ins Terrarium. In jeder Zucht gibt es auch immer ein paar Milben. Und diese Schädlinge setzen sich auf die Frösche. Für Ihre Lieblinge bedeutet das einen enormen Stress, an dem sie sogar eingehen können.

Vorteil: Fruchtfliegen lassen sie sich gut und einfach züchten. Denn sie sind anspruchslos und vermehren sich schnell. Außerdem vertilgen die Frösche sie gern. Für winzige Arten sowie für Jungfrösche können jedoch selbst Fruchtfliegen zu groß sein. **Nachteil:** Die Fliegenzucht verströmt einen unangenehmen Geruch.

Springschwänze (Collembolen)

Auch Pfeilgiftfrösche möchten nicht jeden Tag das gleiche essen: Springschwänze sind eine willkommene Abwechslung auf dem Speiseplan. Foto: bede-Verlag

Nummer zwei auf dem Pfeilgiftfrosch-Speiseplan sind Springschwänze. Der Name deutet darauf hin: Diese Mini-Insekten bewegen sich mit Sprüngen fort. Die meisten Arten leben im Laub des Waldbodens. Dort fressen sie abgestorbene Pflanzenteile aber auch tote Kleintiere. Es gibt über 3 000 Arten. Für die Zucht eignen sich allerdings nur drei bis vier Arten. Am beliebtesten ist die weiße *Folsomia candida*. Springschwänze werden ebenfalls in Plastikboxen gezüchtet. Die Zuchttemperatur beträgt 10 bis 18 °C. Das Substrat besteht aus einem Torfstück, das stets feucht gehalten werden muss.

Klein, aber fein: Springschwänze werden nur drei Milimeter lang – und eignen sich daher besonders für Jungfrösche. Foto: C. Steimer

Einmal pro Woche wird die Zucht mit Fischfutter gefüttert. Man kann Springschwänze aber auch mit Kartoffel- und Pilzscheiben sowie mit Obst ernähren. Damit es in der Zucht nicht schimmelt, sollten die Insekten das Futter innerhalb von 48 Stunden aufgefressen haben. Empfehlenswert ist auch die Beigabe von Laub. Sie sammeln es am besten säckeweise im Herbst ein und trocknen es.

Ein Ansatz reicht für drei bis vier Monate.

Vorteile: Da Springschwänze nur rund 3 mm lang werden, eignen sie sich als Futter für alle Pfeilgiftfroscharten und ihren Nachwuchs. Und dabei schmecken sie den Fröschen eigentlich am besten. Manche Arten werden durch den Gaumenschmaus sogar zur Fortpflanzung animiert. Außerdem tragen Springschwänze durch ihre Ernährungsweise zum biologischen Gleichgewicht im Terrarium bei. Und: Entfleuchte Exemplare können in der Wohnung nicht überleben.

Ofenfischchen (*Thermobia domestica*)

Das rund 1,2 mm kleine Ofenfischchen ist mit dem Silberfischchen verwandt. Bislang ist es noch eine Art Geheimtipp unter den Futtertieren. Für die Zucht eignen sich Plastikeimer und -wannen oder Aquarien aus Kunststoff, die ein Mindestvolumen von 5 l aufweisen. Hauptsache, die Wände sind so glatt, dass die Tiere nicht daran hoch klettern können. Auch ist eine Abdeckung notwendig, die kleine Luftlöcher haben muss. Achten Sie auf eine ausreichende Belüftung. An den Wänden darf sich kein Kondenswasser bilden. Für den Boden eignet sich Küchenpapier. Eierkartons und zerknülltes Papier dienen als Versteckmöglichkeiten.

Ernährt werden Ofenfischchen mit Fischfutter, Haferflocken oder Milchpulver. Sie können sie ruhig mit einer größeren Portion auf einmal versorgen – und müssen sich dann wochenlang nicht mehr um die Zucht kümmern. Denn diese Insekten fressen auch Zellulose. Ist das Futter aufgebraucht, ernähren sie sich eben vom Küchenpapier und den Eierkartons.

Den Bedarf an Flüssigkeit decken Ofenfischen allein durch die Luftfeuchtigkeit. Deswegen muss man ein kleines Wasserglas im Zuchtbehälter deponieren.

Auch dem wunderschönen *Dendrobates azureus*, dem Azurblauen Baumsteiger, schmecken Springschwänze am besten. Diesen Frosch vitamin- und nährstoffreich zu füttern, lohnt sich besonders: Bei artgerechter Haltung wird er bis zu 14 Jahre alt.
Foto o. r.: bede-Verlag
Foto o. l.: C. Steimer

Es sollte allerdings mit Gaze abgedeckt werden, damit die Ofenfischchen nicht darin ertrinken.
Legen Sie für die Eiablage fünf bis zehn Wattebällchen in jede Zucht. Nun müssen Sie nur noch alle paar Wochen Futter und Wasser nachfüllen. Es dauert zwar nur 14 Tage bis die Tiere schlüpfen, aber sechs Monate, bis sie geschlechtsreif sind. Da die Zucht quasi nebenher läuft, sollte man gleich mehrere Ansätze züchten.

Vorteile: Ofenfischchen sind äußerst pflegeleicht. Und sollten sie mal ausbüchsen, gibt es keine Probleme. Denn die Tiere benötigen zur Zucht eine Temperatur von 35 °C. Außerdem sorgen die speziellen Haltungsbedingungen dafür, dass sich Schädlinge wie Schimmelpilze oder Milben im Behältnis nicht breit machen können. Nachteil: Die Zucht dauert ein halbes Jahr.

Tropische Asseln

Die typischen Kellerasseln, wie man sie hierzulande im Garten unter Blumentöpfen oder im Keller findet, sind als Futtertiere nicht zu empfehlen. Viel besser eignen sich ihre tropischen Verwandten, die Weißen Asseln. Denn sie sind mit 3 bis 4 mm Körperlänge kleiner als die Kellerasseln.
Die Zucht erfolgt bei Zimmertemperatur in kleinen Boxen. Der Deckel muss mit Luftlöchern versehen sein. Die Luftfeuchtigkeit sollte 70 bis 90 % betragen. Als Substrat eignen sich angefeuchtete Kokosfasern. Obenauf legen Sie ein Stück Rinde unter dem sich die Asseln verstecken können. Zum Verfüttern müssen Sie dann nur die Rinde entnehmen und über dem Terrarium abklopfen.

Vorteile: Tropische Asseln werden gerne von den Fröschen vertilgt. Da sie selbst wiederum Kot und tote Fliegen fressen, sorgen sie zudem fürs biologische Gleichgewicht im Terrarium. Außerdem überleben diese Lebewesen nur bei hoher Luftfeuchtigkeit. Ausbrecher können sich daher nicht zur Plage entwickeln.
Nachteil: Die Zucht gestaltet sich zwar recht einfach, geht aber dafür auch nicht so schnell vonstatten. Deswegen eignen sich die Weißen Asseln nicht als Hauptfutter, sondern nur als Ergänzung.

Kurzflügelgrillen
(*Gryllodes sigillatus*)

Heimchen und Grillen haben als Futtertiere in der Terraristik eine lange Tradition. Für Geckos, Leguane, Warane oder Vogelspinnen stellen sie die Haupternährungsquelle dar. Ausgewachsene Grillen sind für Pfeilgiftfrösche jedoch zu groß. Außerdem knabbern diese Insekten die Einrichtung an und werden manchmal sogar den Fröschen gefährlich. Da es sich bei den Grillen um nachtaktive Tiere handelt, könnten sie sich über die schlafenden Amphibien hermachen. Aber die Jungtiere sind harmlos. Wer Grillen züchten möchte, sollte sich für Kurzflügelgrillen entscheiden.

Grillen sind beliebte Futtertiere in der Terraristik – Pfeilgiftfrösche dürfen jedoch nur junge Exemplare „serviert“ bekommen. Foto: bede-Verlag

Für die Zucht brauchen Sie mindestens zwei Zuchtbehälter. Geeignet sind kleine 40 l-Aquarien aus Glas oder Plastikbehälter (50 x 50 x 50 cm). Eine Höhe von mindesten 30 cm darf nicht unterschritten werden, da die Grillen sonst heraus springen können. 250 bis 300 erwachsene Exemplare passen in ein solches Behältnis hinein. Die Zucht muss dicht verschlossen werden. Bohren Sie in den Deckel ein paar Löcher, die Sie mit Gaze abdichten. Die Zuchttemperatur beträgt 25 bis 30 °C, die Luftfeuchtigkeit 65 bis 75 %. Als Bodensubstrat eignet sich Kleintierstreu. Darauf stapeln Sie ein paar Eierkartons und Papprollen übereinander. Sie dienen den Grillen als Versteck.

Grillen fressen klein gemahlenes Hunde- oder Katzentrockenfutter und auch Hasenfutterpellets. Sie können das Futter auch mit Weizenkleie oder Haferflocken strecken. Geraspelte Karotte, Gurke, Möhre oder Apfel, Birnen, Mandarinen sowie Salat und Löwenzahn sind ebenfalls empfehlenswert. Obst und Gemüse versorgt die Grillen mit Wasser. Serviert wird die Grillennahrung in flachen Futterschalen. Um Schimmelbildung und Milbenbefall zu verhindern reichen Sie ihnen aber bitte nur so viel Futter wie an einem Tag gefressen wird. Den restlichen Flüssigkeitsbedarf deckt eine Vogeltränke, die mit Klebeband an der Scheibe befestigt wird. Legen Sie ein Stück Watte hinein, das rettet die Grillen vor dem Ertrinken. Die Tränke sollte täglich gereinigt werden. Eierkartons und Papprollen muss man ab und zu erneuern. Ansonsten sollte der Zuchtbehälter bei guter Hygiene alle sechs Monate eine Generalreinigung erfahren.

Schon einfache Eierkartons genügen den Grillen als Verstecke. Praktisch: Zum Verfüttern einfach den Eierkarton entnehmen und über dem Terrarium abklopfen. Foto: bede-Verlag

Ein saftiger Leckerbissen: Die Kurzflügelgrille schmeckt den Pfeilgiftfröschen hervorragend. Die Zucht erfordert allerdings etwas Pflege.
Fotos: bede-Verlag

Grillen sind sehr aktive Nachwuchsproduzenten. Ein Weibchen legt in ihrem dreimonatigen Leben hunderte Eier. Normalerweise dient der Boden als Ablageplatz. Doch da Grillen kannibalisch veranlagt sind, buddeln sie auch gerne mal die eigenen Eier aus. Deswegen müssen Sie eine spezielle Ei-Ablage-Vorrichtung basteln. Nehmen Sie ein 5 cm hohes Plastikgefäß (Durchmesser 10 cm) und füllen Sie es mit Steckschwämmen aus dem Pflanzenfachgeschäft. Feuchten Sie die Steckschwämme an und decken Sie die Dose mit Drahtgaze aus Aluminium (1 mm Maschengröße) ab. Die Dose stellen Sie unter die Lampe. Die Feuchtigkeit muss mindestens einmal pro Woche kontrolliert werden. Da die Weibchen einen Legestachel besitzen, können sie die Eier in der präparierten Dose ablegen. Man kann die Dose direkt nach der Eiablage ins Terrarium stellen. Nach acht bis zehn Tagen schlüpfen die Grillen und können von den Fröschen gefressen werden.

Sie können die Dose aber auch in den zweiten Zuchtbehälter verlegen. Sind die Grillen geschlüpft, werden sie mit Zierfischfutter, Paprikapulver, *Spirulina*-Pulver, Salat und Löwenzahn ernährt. Wenn sich der Magen der Junggrillen nach ein bis zwei Tagen gut gefüllt hat, können sie verfüttert werden.

Wichtig: Diese Futtertiere müssen im Zeitraum von zwei Wochen aufgebraucht werden, da die Grillen sonst für die Frösche zu groß werden. Kurz vor der Verfütterung sollte das Futter der Grillen noch einmal mit Vitaminpulver angereichert werden. Zum Verfüttern nehmen Sie die Eierwaben heraus und klopfen sie ab. Ein paar Grillen kommen in den Behälter zurück, damit die Zucht weiterläuft.

Vorteile:
Kurzflügelgrillen wachsen langsam, vermehren sich schnell und werden gerne gefressen. Frisch geschlüpfte Grillen können selbst von kleinen Arten und manchen Jungfröschen bewältigt werden. Büchsen die Tiere einmal aus, dann ist es nicht ganz so schlimm. Sie können sich in der Wohnung nicht vermehren. **Nachteil:** Das Gezirpe unter den Möbeln kann einem schon auf die Nerven gehen. Außerdem besteht die Gefahr, dass sich junge Grillen im Terrarium verstecken und dort unbemerkt wachsen.

Extra-Tipp: Um das zu vermeiden, kann man sich einen kleinen nachtaktiven Gecko, zum Beispiel einen *Lepipedodactylus lugubris*, zulegen. Der findet die Grillen immer. Außerdem ist dieses Tier selbstbefruchtend und vermehrt sich daher selbst. Der Gecko ist zwar keine Augenweide, aber ungeheuer praktisch.

Hinweis: Unsere einheimischen Heimchen sind für die Zucht nicht geeignet. Diese Art überlebt bei Zimmertemperatur und macht wirklich mächtig Krach. Das gilt auch für die so genannten Micrœgrillen und Microheimchen, die im Zooladen angeboten werden.

So ein Tropenterrarium ist schon optisch ein kleines Stück exotische Natur. Wenn dann die Frösche noch anfangen zu singen, ist die Regenwaldatmosphäre perfekt.
Foto: H. Custers

Kleine Wachsmottenlarven (*Achroea grisella*)

Pfeilgiftfrösche sollten Wachsmottenlarven lediglich als Leckerchen bekommen, da sie sehr Fetthaltig sind. Diese Futtertiere gibt es in einer kleineren und einer größeren Ausführung. Nur die kleinere Variante (*Achroea grisella*) ist als Gaumenschmaus für Pfeilgiftfrösche geeignet.

Zur Zucht nehmen Sie einen Glasbehälter mit Lüftung. Achten Sie darauf, dass das Gefäß ausbruchssicher ist. Die Zucht muss zunächst an einem warmen Ort stehen. Nach einer Weile produzieren die Tiere selbst genug Wärme. Im Idealfall ernährt man die Wachsmotten mit Bienenwaben. Wem das zu umständlich ist, der bereitet folgendes Rezept aus der „Terrarianerküche“ zu: Verrühren Sie 1 l Glycerin, 1 kg Honig, 1 kg Weizenmehl und 1 kg Weizenkeime. Geben Sie etwas Mehl hinzu, bis der Brei nicht mehr matschig, sondern krümelig und leicht feucht ist. Den Nährbrei 5 bis 6 cm hoch in den Zuchtbehälter einfüllen, oben drauf zerknülltes Papier legen – das dient als Eiablageplatz.

Nach drei bis vier Wochen sind die ersten Raupen da. Die Pflege ist recht einfach: Wichtig ist, dass ab und an der Kot entfernt wird. Er kann Schimmel ansetzen und die Motten haben die Angewohnheit ihren eigenen Kot wiederzufressen. Ansonsten sind sie eigentlich kaum umzubringen. Sie überleben selbst im Gefrierfach. Vorsicht gilt nur bei zu viel Feuchtigkeit. Sie vertragen weder zu hohe Luftfeuchtigkeit noch Kondenswasser.

Vorteile: Die Zucht ist einfach und Wachsmottenlarven werden gerne gefressen. **Nachteile:** Sie sind sehr fetthaltig. Außerdem muss man darauf achten, dass die Larven auch wirklich gefressen werden und sich nicht im Terrarium verstecken. Denn ausgewachsene Wachsmotten können kleine Frösche anfallen. **Und:** Wachsmotten gelten außerdem nicht umsonst als „Lieblinge der Hausfrauen“. Wenn Raupen ausbüchsen, findet man die Larven schnell mal in den Vorhängen wieder ...

Wie vermeide ich Schädlinge?

Milben sind ein altbekanntes Problem unter Futtertierzüchtern. Und eigentlich ist es kaum möglich, eine völlig milbenfreie Fruchtfliegen-Kultur zu züchten. Man kann die Schädlinge lediglich in Grenzen halten. Als Vorbeugung hilft nur peinlichste Sauberkeit. Deswegen sollte man den Nährbrei auch immer abkochen. Außerdem ist es ratsam, große Populationen zu züchten. Denn dann breiten sich die Milben meist von alleine nicht stark aus. Ist Ihre Zucht trotzdem stark von Milben befallen, hilft nur eins: Sortieren Sie den Ansatz aus und kaufen Sie einen neuen.

Gegen Schimmel hilft eine gute Be- und Entlüftung. Außerdem sollte man übrig gebliebenes Futter spätestens nach 48 Stunden wieder entfernen.

Tipp: Je schneller sich die Zucht entwickelt, desto weniger Schimmel entsteht. Warum ist das so? Ganz einfach: Bewegung verhindert Schimmel.
Leider passiert es trotz aller Vorsorge immer wieder, dass eine Futterzucht plötzlich umkippt. Indem Sie mehrere Zuchten gleichzeitig betreiben, beugen Sie Nahrungsengpässen am besten vor.

Der tiefblaue *Dendrobates azureus* ist durch eine ganze Reihe von internationalen Gesetzen geschützt. Im Gegensatz zu früher wird der begehrte Frosch heute jedoch häufiger angeboten, da die Nachzucht gut funktioniert. Foto: C. Steimer

Die Zucht der Pfeilgiftfrösche

Das Fortpflanzungsverhalten dieser Tiere ist einzigartig und verläuft völlig anders als bei Amphibien allgemein üblich. Pfeilgiftfrösche sind vorbildliche Eltern, die fürsorglich über das Wohlergehen ihres Nachwuchses wachen.
Doch damit es mit der Zucht auch klappt, müssen die Frösche gesund sein. Sind sie unter- oder fehlernährt, so werden die Eier häufig nicht befruchtet und wenn, dann ist der Nachwuchs oft schwächlich. Außerdem pflanzen sich nur Exemplare bereitwillig fort, die in einem Terrarium leben, das optimal auf die Bedürfnisse der Frösche ausgerichtet ist.
Sind alle Grundbedingungen erfüllt, kann es jedoch das ganze Jahr über zur Sache gehen. Wie produktiv die Frösche sind, hängt allerdings auch von der jeweiligen Art ab. Bei manchen Vertretern gestaltet sich die Zucht schwierig, während sich andere wie *Epipedobates tricolor*, *Dendrobates auratus* oder einige *D. tinctorius*-Formen im Allgemeinen fleißig vermehren. Besonders eifrige Weibchen produzieren sogar bis zu zwei Gelege pro Woche.

Von der Balz zur Kaulquappe

Heftige Regenschauer animieren die Männchen zur Balz – und das Konzert beginnt. Allerdings quaken die Exoten nicht, wie es beispielsweise die Laubfrösche tun, sie singen. Dabei sitzen sie meist auf exponierten Rufplätzen. Die Männchen fast aller Arten (in einigen Fällen sind es auch die Weibchen) zeigen jetzt ein starkes Revierverhalten. Und sie verteidigen ihr Revier mit allen Mitteln der Kunst. Boxen, Treten, Umklammern, Würgen – alles ist erlaubt. Dabei ähneln die Territorialstreitereien der Pfeilgiftfrösche tatsächlich ein wenig den Wettkämpfen der Sumo-Ringer. Das stärkere Tier drückt das schwächere Tier mit seinem Körper auf den Boden. Leider kommt es auch schon mal vor, dass ein unterlegenes Tier den Ringkampf nicht überlebt und beispielsweise ertränkt wird.
Hat ein Männchen ein paarungsbereites Weibchen herbeigelockt, so beginnt das „Vorspiel". Dieses kann durchaus mehrere Stunden dauern. Wer geduldig ist, sollte sich Zeit zur Beobachtung nehmen. Das Balzverhalten ist wirklich sehenswert. So drücken manche Froschdamen ihr Einverständnis dadurch aus, dass sie dem Bräutigam über den Rücken streicheln.
Bei Pfeilgiftfröschen ist es das Männchen, das den Laichplatz

Mantella-Arten sehen den Pfeilgiftfröschen sehr ähnlich. Doch diesen kleinen Frösche stammen von Madagaskar. Foto: I. Francais

Ein alter Terrarianer-Trick: Ein überreifes Stück Banane lockt die Fruchtfliegen herbei – und diese wiederum ziehen die Pfeilgiftfrösche magisch an.

Meist hocken die Männchen auf exponierten Plätzen, wenn sie mit ihrem Gesang die Weibchen anlocken wollen. Auch dieser stattliche *Dendrobates azureus* hätte nichts dagegen, sich bald zu zweit in die Hochzeitshütte zurückzuziehen. Foto: C. Steimer

Die pflegeleichten Dreistreifenblattsteiger, *Epipedobates tricolor*, vermehren sich fast von alleine – und kümmern sie sich im Terrarium meist selbst um ihre Nachkommen. Foto: U. Dost

aussucht. In der Natur fällt seine Wahl meist auf Blätter, die sich auch in luftiger Höhe befinden können. Im Terrarium werden Filmröllchen, Kokosnusshälften oder kleine Blumentöpfe mit Eingangslöchern als „Hochzeitshütten" benutzt. Dann steigt das Männchen ins Wasser und reinigt den Laichplatz. Die anschließende Befruchtung geht gewöhnlich folgendermaßen vonstatten: Die Frösche sitzen Hinterteil an Hinterteil. Das Weibchen legt die Eier ab, die dann vom Männchen befruchtet werden.
Je nach Art produzieren die Weibchen zwei bis 35 Eier. Bei den meisten Arten übernimmt das Männchen die Brutpflege. Es bewacht das Gelege und entfernt unbefruchtete Eier. Außerdem sorgt es dafür, dass die Eier nicht austrocknen. Mehrmals am Tag hüpft es ins Wasser und befeuchtet das Gelege. Nach rund zwei Wochen schlüpfen die Quappen. Auch hierbei bekommen sie Hilfe vom Vater. Er „trampelt" auf dem Gelege herum und animiert auf diese Weise den Nachwuchs, sich aus der Gallerte zu lösen. Nun schlängeln sich die Quappen instinktiv auf seinen Rücken. Anschließend werden sie – manchmal sogar mehrere Tage – von ihm huckepack herumgetragen.
Wenn der Frosch eine geeignete Wasserstelle wie eine Pfütze oder einen wassergefüllten Bromelientrichter gefunden hat, setzt er seine Jungen ab und trollt sich. Für ihn ist der Job nun erledigt. Die Babyfrösche bleiben sich jetzt selbst überlassen und ernähren sich von Algen und Kleinstlebewesen. Für sie beginnt nun die Zeit der Metamorphose, in der sie sich von der Quappe zum Frosch entwickeln.

Ausnahme: das Erdbeerfröschchen

Beim Erdbeerfröschchen (*Dendrobates pumilio*) und einigen seiner Verwandten obliegt die Brutpflege dem Weibchen. Es nimmt die Quappen einzeln auf den Rücken und bringt sie zu einer Wasserstelle, meist einem Bromelientrichter. Bis zu Metamorphose werden sie dort von ihrer Mutter ernährt, die dafür spezielle Nähreier produziert. Dabei reicht die Menge der Babynahrung für maximal sechs Froschkinder.
Besonders bemerkenswert ist das Gedächtnis des Weibchens. Alle zwei bis drei Tage

sucht es den Nachwuchs auf. Und dabei hat die Froschmutter keinerlei Orientierungsschwierigkeiten. Problemlos findet sie im riesigen Urwald genau die Plätze wieder, in denen ihr hungriger Nachwuchs auf Futter wartet.

Tipps für die Zucht

Vermehrtes Sprühen bei hohen Lufttemperaturen animiert die Tiere in der Regel zur Fortpflanzung. Dabei ist eine Verteilung von zwei Männchen auf drei bis vier Weibchen für die Zucht ideal. Sollte ein Frosch bei der Balz dauerhaft unterdrückt werden, müssen die Erzfeinde allerdings in verschiedenen Terrarien untergebracht werden. Frösche, die sich besonders fleißig paaren und vermehren, sollte man ebenfalls ab und an trennen, damit die Tiere auch mal zur Ruhe kommen.

Wer keine automatische Sprühanlage möchte, der muss täglich selbst für ausreichend Luftfeuchtigkeit sorgen.

Die künstliche Quappenzucht

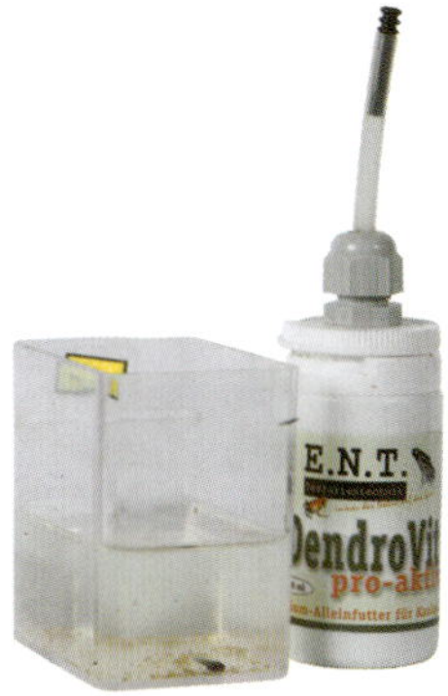

Spezielles Quappenfutter enthält alle Vitamine und Mineralstoffe, welche die Froschbabys benötigen um zu gedeihen.

Auch im Terrarium funktioniert die natürliche Brutpflege manchmal. Inwieweit es zuverlässig klappt, muss jedoch beobachtet werden. Nicht selten vernachlässigt das Männchen die Brutpflege. Wer auf Nummer sicher gehen will, sollte den Fröschen nur ab und an die Aufzucht überlassen, damit sie nicht aus der Übung kommen – in der Regel aber die Brutpflege selbst in die Hand nehmen.

Bieten Sie den Tieren spezielle Legehäuschen an. Aus diesen „Hochzeitshütten" können Sie die Eier leichter entnehmen als beispielsweise aus der Blattachsel einer Bromelie. Als Ablaichfläche eignet sich eine Plastikschale, die auf den Boden gelegt wird. Diese wird mit 10 mm Wasser gefüllt. An den Rand legen Sie ein Eichenblatt, dessen Spitze ins Wasser ragt.

Laichhäuschen: Hier hinein legen die Frösche ihren Laich ab, so dass dieser vom Pfleger leicht gefunden werden kann.

Fotos: C. Steimer

Ist die Eiablage erfolgt, so befinden sich die Eier zunächst in einer Gallerte. Mit einem Plastiklöffel (ideal ist ein Eislöffel) überführen Sie die Gallerte behutsam in eine Petrischale. Bitte beachten Sie zwei wichtige Punkte: 1. Die dunkle Seite der Eier gehört nach oben. 2. Jedes dritte Ei ist normalerweise nicht befruchtet. Unbefruchtete Eier sind heller und gräulich. Sie sollten möglichst bald mit Skalpell und Pipette entfernt werden.

Die Eier sollten stets im Wasser liegen. Allerdings dürfen sie nicht komplett mit Wasser bedeckt werden, damit sie atmen können. Es reicht, wenn sie vom Wasser umspült sind, damit sie nicht austrocknen. Die Temperatur sollte ungefähr 22 bis 24 °C betragen. Doch das ist von Art zu Art etwas unterschiedlich. Gelege von Hochlandfröschen dürfen etwas kühler gezeitigt werden. Darüber hinaus sollte das Wasser neutral bis leicht sauer sein und weder Chlor noch Schadstoffe enthalten. Damit es nicht verdunstet, wird die Petrischale mit einem Deckel verschlossen. Alle drei Tage muss das Wasser durch vorbereitetes Neuwasser ersetzt werden. Dabei darf die Lage der Eier nicht verändert werden. Es dauert circa 18 Tage, bis sich die Eier entwickeln. Haben sich die Quappen aus der Gallerte freigeschwommen, werden sie erneut umgesiedelt. Verwenden Sie hierfür am besten ebenfalls einen Plastiklöffel.

Nun kommen die Quappen in spezielle Quappenbehälter. **Wichtiger Hinweis:** Die Kaulquappen mancher Arten geben wachstumshemmende Stoffe ab oder sind sogar kannibalisch veranlagt. Diese Arten müssen daher getrennt aufgezogen werden. Das ist vor allem bei den Dendrobaten der Fall. Phyllobaten und Epipedobaten kann man in der Regel gemeinsam aufziehen.

Eine gute Kinderstube: Die professionelle Quappenaufzucht-Anlage beim Züchter. Foto: C. Steimer

Wichtig für das gute Gedeihen des Nachwuchses ist unter anderem die richtige Temperatur. Foto: C. Steimer

Profis haben eine Quappenanlage, die wie eine Kommode aussieht und Schubladen mit vielen Einzelboxen enthält, man kann aber auch improvisieren. Als Kinderstube eignen sich lebensmittelechte Rechteck-Plastikbecher mit 0,5 l Fassungsvermögen. Der Wasserstand beträgt zunächst nur rund 1 cm. Dem Wasser wird etwas Eichenlaub beigegeben.

Basteltipp: Man kann relativ einfach ein Aquarium zum „Brutkasten" umfunktionieren. Versehen Sie die Becher dafür am unteren Rand mit zwei größeren Löchern, die mit Plastikgaze verschlossen werden. Alle Becher werden nun in einen schwimmfähigen Rahmen untergebracht. Geeignete Materialien sind beispielsweise Kork oder Styropor. Dieser Rahmen wird in ein Aquarium, das mit Heizung und Pumpe ausgestattet ist, gesetzt. Dort sollte er einen Zentimeter über dem Boden schwimmen.

Die Ernährung der Quappen ist im Allgemeinen nicht schwierig. Eine Ausnahme stellen die Quappen dar, die mit Nähreiern gefüttert werden. Aufgrund der speziellen Ernährungsweise gelingt ihre Aufzucht nur sehr erfahrenen Froschzüchtern. Bei den meisten Arten ist es jedoch kein Problem. In der Regel sind sie Allesfresser und ernähren sich von Algen, Wasserflöhen oder Mückenlarven. Am einfachsten ist es, sie mit speziell hergestelltem Quappenfutter hochzupäppeln, das wichtige Inhaltsstoffe wie Jod enthält.

Am Anfang ihrer Entwicklung fressen die Quappen noch nicht oder nur sehr wenig. Sobald sich bei ihnen ein funktionsfähiges Maul entwickelt hat, werden sie zwei- bis dreimal pro Woche gefüttert. Achten Sie stets darauf, dass Sie nicht zu viel füttern, damit das Wasser nicht verschmutzt. Wenn die Quappe frisst und schwimmen kann, wird der Wasserstand langsam erhöht. Das Wasser muss täglich erneuert werden und eine Temperatur von circa 24 °C aufweisen. Damit die Quappen keinen Schock bekommen, sollte man es immer durch vorbereitetes, temperiertes Wasser ersetzen.

Zuerst entwickeln sich die Hinterbeine. Nach rund drei Monaten sind auch die Vorderbeine da. Die Atmung wird nach und nach von den Kiemen auf die Lungen verlagert. Die Kaulquappe verliert den Schwanz und wird zum Frosch. Nun wird der Babyfrosch erneut umgesiedelt. Denn sie müssen in dieser Phase die Möglichkeit haben, an Land zu gelangen. Nun brauchen sie Wasser und ein flaches Ufer, das man beispielsweise durch Kies gestalten kann. Sie beginnen herumzuhüpfen und befinden sich halb im Wasser, halb auf dem Land. Sobald sie an Land gehen, können sie mit Springschwänzen gefüttert werden.

Jetzt kommen die Miniaturfrösche einzeln oder in kleinen Gruppen in spezielle Aufzuchtbehälter. Das ist eine wichtige Maßnahme, denn die Jungfrösche brauchen nun kleines Futter. Sie fressen weiterhin Springschwänze, größere Arten vertilgen nun auch schon kleine Fruchtfliegen. Dieses Minifutter schmeckt aber auch den Großen ausgezeichnet.

Vitaminpulver – damit werden die Futtertieere bestäubt, um den Fröschen die nötigen Vitamine zuzuführen. Foto: C. Steimer

Ein gesund ernährter Frosch ist eine Augenweide: Auch diesem Färberfrosch geht es offenkundig sehr gut. Seine ausgeprägten Fingerscheiben lassen übrigens vermuten, dass es sich bei diesem Exemplar um ein Männchen handelt.

Befinden sie sich in dieser Zeit bereits mit den ausgewachsenen Fröschen in einem Terrarium, kommen sie unter Umständen zu kurz. Auch das Jungtierfutter sollte generell mit einer Vitamin- und Mineralienmischung wie beispielsweise dem Amivit-A-Pulver angereichert werden. Bei Springschwänzen ist das allerdings nicht möglich.

In diesen kleinen Zuchtbehältern muss es Verstecke und eine Wasserschale (mit sehr niedrigem Wasserstand) geben. Temperatur und Luftfeuchtigkeit entsprechen den Bedingungen im Hauptterrarium. Nach maximal drei bis vier Wochen frisst auch der Nachwuchs Fruchtfliegen. Jetzt können sie das eigentliche Terrarium beziehen. Insgesamt dauert es neun bis 18 Monate, bis die Frösche ausgewachsen sind und selbst Nachwuchs produzieren können.

Krankheiten

Wer möchte, dass seine Frösche gesund bleiben, muss vor allem eins tun: Sie regelmäßig beobachten. Ungewöhnliches Verhalten ist in der Regel das erste Anzeichen für eine Krankheit. Alarmzeichen sind immer Apathie, mangelnder Appetit und flüssiger Kot.

Insgesamt gibt es viele Erreger, die einem Pfeilgiftfrosch gefährlich werden können: Bakterien, Flagellaten, Würmer und auch Pilze. Sitzt der Frosch andauernd im Wasser, deutet das auf Pilze oder Bakterien hin. Das gilt auch, wenn sich Flecken auf der Haut zeigen. Meist sind die Erkrankungen nur Sekundärerscheinungen. Oft liegt die wahre Ursache in falscher Haltung oder Stress begründet. Beides schwächt das Immunsystem des Tiers und öffnet Schädlingen Tür und Tor.

Vor einigen Jahren erschreckte ein Pilz die Froschwelt: der Chytridpilz. Vor allem Australien war sehr stark betroffen, aber auch Deutschland blieb nicht verschont. Zu den Anzeichen gehören Appetitlosigkeit und Apathie. Betroffene Frösche hocken darüber hinaus typischerweise ewig im Wasser, kratzen sich oder hatten sogar Löcher in der Haut. Der Tod kann plötzlich eintreten – und fast unbemerkt. Nicht selten sitzen tote Frösche im Terrarium stocksteif herum.

Stellt man Krankheitssymptome fest, muss der Patient sofort in ein Quarantäneterrarium verlegt werden. Darin sollte man nur mit Einweg-Gummihandschuhen arbeiten und nichts anderes berühren, ohne die Handschuhe auszuwechseln. Um den Frosch zu behandeln, muss der Anfänger Rat bei einem Experten holen – und die sind rar gesät. Zwar kann man Kot bei jedem Tierarzt untersuchen lassen, doch darüber hinaus haben hierzulande nur wenig Veterinärmediziner Erfahrungen mit Pfeilgiftfröschen. Im Internetauftritt der DGHT finden Sie unter www.dght.de/amphrep/tiergesundheit/tieraerzte.htm eine Liste von Tierärzten, die sich mit Reptilien und Amphibien auskennen. Außerdem kann man sich an die zuständige Tierärztekammer wenden. Dennoch stehen die Chancen, einen kompetenten Mediziner in der Nähe zu finden, eher schlecht.

Gut ist es in jedem Fall, wenn man mit dem Verkäufer oder Züchter in Verbindung bleibt. Dann kann man ihn im Zweifelsfall um Rat bitten. Auch auf Börsen und Stammtischen sowie im Internet (www.froschnetz.de und www.team-schaeffer.de) lassen sich viele wertvolle Tipps zum Umgang mit Froschkrankheiten aufstöbern. Nach einer Weile wird man dann zwangsläufig selbst zum Experten. Froschleichen können darüber hinaus zu Experten wie Dr. MUTSCHMANN in Berlin (www.exomed.de) geschickt werden. Dann hat man wenigstens nach der Obduktion einen genauen Befund und kann seinen restlichen Bestand vor dieser Gefahrenquelle eventuell schützen.

Bei Nachzuchten kommt es manchmal zu den so genannten „Streichholzbeinchen“. Darunter versteht man eine Unterentwicklung der Vorderbeine. Die Ursache ist unbekannt, aber man vermutet, dass falsche Wasserqualität und -temperatur sowie Mangelernährung schuld an den Missbildungen sind. Möglicherweise lag der Defekt aber auch schon bei den Elterntieren oder das Ei war nicht in Ordnung. Eine Heilung ist jedenfalls nicht möglich.

Die Arten

Momentan sind rund 170 Arten bekannt. Da der Regenwald jedoch bislang noch nicht bis ins letzte Fleckchen erforscht wurde, kennt man bestimmt noch nicht alle Arten. Von den gängigen Formen werden gerade mal 20 im Terrarium gehalten. Das hat verschiedene Gründe: Manche Arten sind schlichtweg zu heikel in der Pflege, andere optisch einfach uninteressant. Da dieses Buch ein Ratgeber für die Terrarienpraxis ist, werden im folgenden nur jene Arten beschrieben, die dafür auch infrage kommen.

Sie sind blau, rot, gelb, braun oder grün, haben Streifen, Flecken oder Punkte – die Vielfalt der Pfeilgiftfrösche scheint kaum Grenzen zu kennen. Abb.: bede-Verlag

Diese Frösche sind für Anfänger geeignet

Wissenschaftlicher Name	*Dendrobates tinctorius*
Deutscher Name	Färberfrosch
Heimat	Guyana, Surinam, Französisch-Guyana sowie in Brasilien.
Größe	4 bis 6 cm
Eier pro Gelege	4 bis 10
Haltung der Larven	Einzelhaltung erforderlich
Tagestemperatur	25 bis 27 °C
Nachttemperatur	23 °C
Luftfeuchtigkeit	80 bis 100 %
Terrarium-Ausstattung	dicht bewachsen, viele Verstecke
Futter	alle gängigen Futterinsekten

Dendrobates tinctorius
Foto: J. Schmidt

Wissenschaftlicher Name	*Dendrobates auratus*
Deutscher Name	Goldbaumsteiger
Heimat	Panama, Nicaragua, Costa Rica, Tobago und im Nordwesten Kolumbiens
Größe	2,6 bis 6 cm
Eier pro Gelege	4 bis 6
Haltung der Larven	Einzelhaltung empfehlenswert
Tagestemperatur	24 bis 28 °C
Nachttemperatur	3 bis 4 °C weniger als tagsüber
Luftfeuchtigkeit	70 bis 100 %
Terrarium-Ausstattung	ausreichend Klettermöglichkeiten
Futter	alle gängigen Futterinsekten

Dendrobates auratus

Wissenschaftlicher Name	*Epipedobates tricolor*
Deutscher Name	Dreistreifenblattsteiger
Heimat	Ecuador
Größe	3 cm
Eier pro Gelege	40
Haltung der Larven	Einzelhaltung empfehlenswert
Tagestemperatur	23 bis 26 °C
Nachttemperatur	20 °C
Luftfeuchtigkeit	70 bis 100 %
Terrarium-Ausstattung	viel Platz, ausreichend Verstecke
Futter	alle gängigen Futterinsekten

Epipedobates tricolor
2 Fotos: U. Dost

Phyllobates vittatus
Foto: C. Steimer

Wissenschaftlicher Name	*Phyllobates vittatus*
Deutscher Name	Gestreifter Baumsteiger
Heimat	Costa Rica
Größe	3,5 cm
Eier pro Gelege	6 bis 25
Haltung der Larven	gemeinsame Aufzucht möglich
Tagestemperatur	24 bis 27 °C
Nachttemperatur	20 °C
Luftfeuchtigkeit	85 bis 95 %
Terrarium-Ausstattung	dicht bewachsen, viele Verstecke – vor allem im unteren Bereich
Futter	alle gängigen Futterinsekten

Phyllobates lugubris
Foto: B. Kahl

Wissenschaftlicher Name	*Phyllobates lugubris*
Deutscher Name	Kleiner Blattsteiger
Heimat	Costa Rica und Panama
Größe	1,9 bis 2,3 cm
Eier pro Gelege	10 bis 30
Haltung der Larven	gemeinsame Aufzucht möglich
Tagestemperatur	24 bis 26 °C
Nachttemperatur	23 °C
Luftfeuchtigkeit	85 bis 100 %
Terrarium-Ausstattung	dicht bewachsen, viele Bromelien und Klettermöglichkeiten
Futter	alle gängigen Futterinsekten

Die Dendrobaten

Dendrobaten werden 2 bis 5 cm lang. Ihre Fingerkuppen sind deutlich verbreitert, wobei der erste Finger kürzer als der zweite ist. Sie leben auf der Laubschicht des Bodens, wagen sich aber auch mal 3 bis 4 m hoch auf Büsche und Bäume. Die Männchen der meisten Arten haben ein ausgeprägtes Revierverhalten. Die Weibchen sind ebenfalls recht streitlustig.

Dendrobates tinctorius
Foto: B. Kahl

Dendrobates tinctorius, Färberfrosch

Dieser Frosch gehört zu den Exemplaren, die in Europa zuerst bekannt wurden. Wie er zu seinem Namen kam, erzählt folgende Geschichte: Die Amazonas-Indianer sollen früher den Papageien die Federn ausgerupft haben. Anschließend bestrichen sie – so die Legende – die kahlen Stellen mit dem Schleim der Pfeilgiftfrösche. Und dort sollen dann bunte Federn gewachsen sein. Die Erzählung ist jedoch nicht durch Fakten belegt und auch wissenschaftliche Untersuchungen führten zu höchst zweifelhaften Ergebnissen. *Dendrobates tinctorius* ist bei Terrarianern sehr beliebt und ein idealer Anfängerfrosch. Er lässt sich gut vermehren, ist robust und ist dazu auch noch ungemein farbenprächtig. Die Färbung der meisten Exemplare reicht von einem leuchtenden Blau über Violett bis hin zu Lackschwarz. Charakteristisch sind die breiten gelben (oder weißen) Streifen auf dem Rücken. Die Beine sind meist blau mit schwarzer Sprenkelung.

In der Terraristik kennt man diese Art in mindestens vier verschiedenen Varianten. Doch in der Natur gibt es sie in noch viel mehr Ausführungen. Das liegt daran, dass das natürliche Verbreitungsgebiet des Färberfroschs sehr groß ist. Färberfrösche leben in Guyana, Surinam, Französisch-Guyana sowie in Brasilien – und überall sehen sie eben etwas anders aus.

Mit 4 bis 6 cm Länge ist *Dendrobates tinctorius* der größte Vertreter seiner Gattung. Dabei sind die Weibchen stattlicher als die Männchen. Manche von ihnen erreichen sogar eine Größe von 7 cm. Dafür haben die Weibchen nicht so stark verbreiterte Fingerscheiben wie die Männchen.

Die Rufe der Männchen ähneln einem Schnarren. In der Legephase werden vom Weibchen alle zwei Wochen Eier produziert. Ein Gelege umfasst vier bis zehn Eier (manchmal mehr) und wird vom Männchen versorgt. Die Larven sind kannibalisch veranlagt und müssen einzeln aufgezogen werden. Die Metamorphose findet nach etwa zehn Wochen statt. Die Jungfrösche sind im Alter von zwölf bis 18 Monaten geschlechtsreif.

Anforderungen: Da es sich beim Färberfrosch um relativ große Exemplare handelt, sollten sie im Terrarium ausreichend Platz finden. Die Temperatur muss am Tag bei 25 bis 27 °C liegen und nachts auf 23 °C absinken. Die Luftfeuchtigkeit sollte 80 bis 100 % betragen. Dieser Frosch benötigt viele Verstecke und fühlt sich daher in dicht bewachsenen Terrarien wohl. Er ist überwiegend bodenbewohnend, klettert aber auch manchmal auf niedrige Bäume.

Der Riese unter den Zwergen: Der Färberfrosch ist der größte bekannte Pfeilgiftfrosch, der bislang entdeckt wurde. Foto: C. Steimer

Dendrobates tinctorius 'Citronella'

Dendrobates tinctorius 'Graubeiner'

Dendrobates tinctorius von Oulemarin
Fotos: C. Steimer

Dendrobates tinctorius vom Kutari River

Dendrobates tinctorius vom Tafelberg

Dendrobates tinctorius von Ensink
Fotos: C. Steimer

Dendrobates auratus, Goldbaumsteiger

Er ist der klassische Einsteigerfrosch und bei allen Froschfans überaus beliebt. Denn *Dendrobates auratus* ist widerstandsfähig, nicht sehr anspruchsvoll und lässt sich gut vermehren. Allerdings handelt es sich beim Goldbaumsteiger um einen eher ruhigeren, scheuen Kandidaten, der sich in dicht bewachsenen Terrarien gerne versteckt. Beheimatet ist er in Panama, Nicaragua, Costa Rica, Tobago und im Nordwesten Kolumbiens. Man findet ihn in Höhenlagen bis zu 1 000 m. Außerdem wurde er in den frühen 30er Jahren auf der Hawaii-Insel Oahu ausgewildert – zur Mückenbekämpfung. Auch von ihm gibt es verschiedene Farbvarianten. Die meisten Exemplare haben grüne, blaue oder helle Musterungen auf dunkelbraunem (bis bronzefarbenem) bis schwarzem Untergrund.

So verschieden die Farben und Zeichnungen, so verschieden auch die Größen. Ausgewachsene Frösche erreichen eine Körperlänge von 2,6 bis 6 cm. Weibchen sind etwas größer und dicker als die Männchen. Dafür haben die Männchen breitere Fingerkuppen und einen Kehlsack. Sie rufen recht dezent mit einer leicht rauhen Stimme.

Im Gelege befinden sich normalerweise vier bis sechs Eier. In Ausnahmefällen können es auch schon mal wesentlich mehr sein. Die Larven werden vom Männchen versorgt. Bei der künstlichen Zucht ist Einzelhaltung empfehlenswert.

Die Geschlechtsreife tritt im Alter von zwölf bis 15 Monaten ein.

Anforderungen: Die Temperaturen sollten tagsüber bei 24 bis 28 °C liegen und nachts um 3 bis 4 °C abfallen. Die Luftfeuchtigkeit liegt bei 70 bis 100 %. Ein paar Monate im Jahr darf es insgesamt gerne etwas feuchter sein. Denn in der natürlichen Umgebung der Art gibt es von Mai bis Ende September eine Regenzeit. Der Auratus ist ein bodenbewohnender Dendrobat, der aber auch gerne klettert und Schlafplätze in höheren Positionen bevorzugt. In einem geräumigen Terrarium können Gruppen mit vier bis sechs Exemplaren gehalten werden. Überbesetzung führt (wie bei vielen anderen Arten auch) zu Ringkämpfen, an denen sich beide Geschlechter beteiligen. Ansonsten ist der Goldbaumsteiger wenig aggressiv, den eigenen Artgenossen wie auch anderen Arten gegenüber. Auch beim Futter ist er nicht wählerisch. Akzeptiert werden die üblichen Futtertiere. Bei guter Pflege kann *Dendrobates auratus* im Terrarium durchaus schon mal über zehn Jahre und mehr alt werden.

Keiner wie der andere: Auch beim *Dendrobates auratus, dem* Goldbaumsteiger, variieren Färbung und Zeichnung. Die meisten Exemplare sind jedoch grün und schwarz.

Dendrobates auratus 'Bronce', Albino, Jungtier

Dendrobates auratus, 'Braun-Weiss' oder 'Kunaiala' genannt.
Fotos: C. Steimer

Dendrobates auratus 'Bronce', Erwachsen Foto: C. Steimer

Dendrobates azureus, Azurblauer Baumsteiger

Der gesellige Azurblaue Baumsteiger ist bei allen fortgeschrittenen Pfeilgiftfroschbesitzern gut aufgehoben. Foto: C. Steimer

Welch ein schöner Frosch! Niemand kann sich der Faszination entziehen, wenn er zum ersten Mal das leuchtende Blau eines Azureus sieht. Aber gerade das atemberaubende Aussehen hat durch vermehrten Fang dazu geführt, den natürlichen Bestand der Art zu dezimieren. Erschwerend kommt hinzu, dass der azurblaue Baumsteiger ein sehr kleines Verbreitungsgebiet hat. Man findet ihn nur im südlichen Surinam, in der Sipaliwini-Savanne. Dort wohnt er in kleinen Wäldern in 300 bis 400 m Höhe. Aufgrund dieser geringen Verbreitung und seiner hohen Beliebtheit unterliegt er zu Recht strengen internationalen Schutzbedingungen. Früher wurde er daher nur selten angeboten – und wenn, dann zu happigen Preisen. Mittlerweile funktioniert die Nachtzucht aber recht gut. Die Nachkömmlinge sind sogar robuster als ihre Urgroßväter und -mütter, die als sehr empfindlich galten. Wer schon ein wenig Erfahrung mitbringt und kein blutiger Anfänger mehr ist, der kann sich die Haltung solcher Prachtexemplare durchaus zutrauen.

Die blaue Grundfarbe ist an Kopf und Rücken mit schwarzen Sprenkeln durchsetzt. Die Beine haben eine dunklere Färbung. Erwachsene Frösche werden maximal 4,5 cm groß. Die Männchen sind etwas kleiner als die Weibchen und haben deutlich verbreiterte Fingerscheiben. Die einzelnen Exemplare verhalten sich recht individuell: manche sind scheu, andere regelrecht neugierig. Allerdings zeigen die Weibchen ein ausgeprägtes Revierverhalten. Daher müssen die Frösche bei der Gruppenhaltung immer aufmerksam beobachtet und – falls nötig – getrennt werden. Geht alles gut, vermehren sich die Frösche recht fleißig.

Der Ruf des Männchens ist relativ leise und ähnelt einem Schnarren. Produziert werden pro Gelege zwei bis 15 Eier. Vater und Mutter transportieren die Kaulquappen zum Wasser Die Jungtiere erreichen die Geschlechtsreife im Alter von 15 bis 18 Monaten.

Anforderungen: Der Azureus lebt gerne in kleineren Gruppen, wenn das Terrarium groß genug ist. Die Temperaturen müssen tagsüber bei 25 bis 28 °C liegen und nachts um 3 bis 4 °C absinken. Die Luftfeuchtigkeit sollte zwischen 80 und 95 % betragen. Diese Frösche sind begeisterte Fresser und lieben vor allem Springschwänze. Ansonsten akzeptieren sie die üblichen kleinen und mittlere Futtertiere. Bei sorgfältiger Pflege können diese schönen Amphibien bis zu 14 Jahre alt werden.

Der azurblaue Baumsteiger wohnt in seiner Heimat zwischen moosbewachsenen Felsen in der Nähe kleiner Rinnsale. Foto: B. Kahl

Übersät mit dunklen Punkten und Flecken auf leuchtend blauem Untergrund – der Azureus ist eine Zierde für jedes Tropenterrarium.

Dentrobates leucomelas, Gelbgebänderter Baumsteiger

Er gehört zu den hübschesten und farbenfrohsten Arten: Drei Partien aus gelben bis orangefarbenen Querstreifen verzieren die schwarze Grundfarbe seines Körpers mit ineinander verschlungenen Musterungen. Aber er ist nicht ganz so robust und anpassungsfähig wie *Dendrobates tinctorius* oder *D. auratus* – und daher eher für den erfahrenen Froschfreund geeignet. Seine Heimat sind die Wälder im Norden Brasiliens, Venezuelas, Guyanas und die angrenzenden Gebiete Surinams. Man findet ihn in Höhenlagen von 50 bis knapp 800 m.

Die erwachsenen Frösche werden bis zu 3,8 cm lang. Die Männchen sind etwas kleiner und dünner als die – recht streitlustigen – Weibchen und haben breitere Haftscheiben. Sie rufen laut, aber mit einem angenehmen melodischen Trillern. Pro Gelege werden durchschnittlich sechs Eier produziert. **Hinweis:** Diese Frösche haben die unschöne Angewohnheit, ihre eigenen Eier wieder aufzufressen. Deshalb sollte man die Quappen künstlich aufziehen – und zwar in Einzelhaltung. Mit 18 bis 22 Tagen dauert es bei dieser Art etwas länger, bis die Quappen schlüpfen. Im Alter von zwölf bis 18 Monaten sind sie geschlechtsreif.

Anforderungen: Die Temperaturen sollten tagsüber 25 bis 28 °C betragen und nachts bei 18 bis 21 °C liegen. Die erforderliche Luftfeuchtigkeit schwankt zwischen 60 bis 90 %. In der Heimat der Frösche ist von September bis Dezember Regenzeit. Es darf also ein paar Monate lang etwas feuchter sein. Die Frösche sind im Allgemeinen sehr aktiv, verstecken sich aber auch gerne. Da sie vorzugsweise in höheren Regionen herumklettern und sich dort auch gerne mal ausruhen, sollten ihnen im oberen Bereich ausreichend Verstecke zur Verfügung stehen. Dieser Frosch kann in Gruppen gehalten werden und akzeptiert die üblichen Futtertiere. Bei artgerechter Pflege kann der hübsche Frosch über elf Jahre alt werden.

Eignet sich für den Froschfan mit viel Erfahrung: *Dendrobates leucomelas* ist ein sehr geschickter Kletterer. Foto: C. Steimer

Dendrobates ventrimaculatus, Amazonischer Baumsteiger

Die Kennzeichen des *Dendrobates ventrimaculatus* sind fünf – meist goldfarbene – Streifen auf seinem schwarzen Rücken. Die Beine haben eine helle Grundfarbe und schwarze Punkte. Mit ihrer Größe von 1,5 bis 2,5 cm gehört diese Art zu den Winzlingen, wobei die Weibchen etwas fülliger sind. Der amazonische Baumsteiger bewohnt die Regenwälder von Peru, Kolumbien, Ecuador, Brasilien und Guyana – und zwar bis zu einer Höhenlage von 1000 m ü. NN.

In der Natur hält sich *Dendrobates ventrimaculatus* am liebsten ein paar Meter über dem Boden, in der Nähe von wassergefüllten Bromelientrichtern auf. Foto: C. Steimer

Pro Gelege werden fünf bis elf Eier produziert. Das Männchen bringt die Kaulquappen in Bromelientrichtern unter. Dort werden sie vom Weibchen mit Futtereiern versorgt. Im Gegensatz zu den Quappen verwandten Arten können sich die *D. ventrimaculatus*-Quappen aber auch von Algen oder Kleinstlebewesen ernähren. Allerdings ist Einzelaufzucht erforderlich.

Anforderungen: Die Temperatur muss tagsüber bei 25 bis 27 °C liegen und nachts auf 22 bis 23 °C sinken. Die Luftfeuchtigkeit sollte 80 bis 100 % betragen. Diese Frösche machen ihrer Bezeichnung als Baumsteiger alle Ehre und sind begeisterte Kletterer. Deswegen sollte das Terrarium höher als breit und darüber hinaus mit vielen Bromelien bepflanzt sein. Dieser Frosch zeigt Revierverhalten. Bei entsprechender Terrariengröße ist eine Gruppenhaltung jedoch möglich. Die Zwerge fressen nur winziges Futter wie kleine Fruchtfliegen, Springschwänze, tropische Asseln, Ofenfischchen, grüne Blattläuse und Mini-Wiesenplankton. *Dendrobates ventrimaculatus* ist ein Frosch für Pfleger mit Erfahrung.

Dendrobates galactonotus, Klecks-Baumsteiger

Wie der deutsche Name andeutet, hat *Dendrobates galactonotus* einen Klecks auf dem Rücken. Dieser ist bei manchen Exemplaren rot, bei anderen orangefarben oder gelb. Die Basis-Färbung ist schwarz. Der Klecks-Baumsteiger stammt aus Brasilien, wobei es sich um einen recht forschen, neugierigen Frosch handelt. Am aktivsten sind diese Frösche übrigens am Morgen und am Nachmittag.

Ausgewachsene Exemplare erreichen eine Größe von 3 bis 4 cm. Auch bei dieser Art sind die Weibchen kräftiger als ihre Partner. Im Gelege befinden sich üblicherweise fünf bis zehn Eier. Im Alter von zwölf bis 15 Monaten werden die Ersten der Jungfrösche geschlechtsreif.

Anforderungen: Die Tagestemperatur muss bei 25 bis 28 °C liegen und nachts um 3 bis 4 °C abfallen. Die Luftfeuchtigkeit sollte 70 bis 100 % betragen. In der Heimat des Froschs gibt es zwischen Juni und August eine Regenzeit. In den Sommermonaten sollte man das Terrarium daher besonders kräftig einnebeln.

Dendrobates galactonotus ist eigentlich ein Bodenbewohner – allerdings klettern manche Exemplare gerne. Bei der Einrichtung des Terrariums sollten Sie die individuellen Vorlieben Ihrer Frösche berücksichtigen. Machen Sie ihnen Kletterangebote – und warten Sie ab, ob die Tiere darauf eingehen. Stecken Sie nicht zu viele Frösche dieser Art zusammen. Diese Exemplare haben ein ausgeprägtes Revierverhalten. Gefressen werden alle üblichen kleinen und mittleren Futtertiere.

Ein echter Platzhirsch: Der Klecks-Baumsteiger, *Dendrobates galactonotus*, mag keine Konkurrenz. Foto: U. Dost

Dieses Exemplar eines *Dendrobates galactonotus* zeigt anschaulich, wie verschieden diese Frösche sein können.
Im Gegensatz zu seinem Artgenossen auf Seite 68 hat dieser Vertreter einen durchgehenden gelben Fleck auf dem Rücken.
Foto: U. Dost

Rotkopf-Baumsteiger, *Dendrobates fantasticus*

Dieser Frosch trägt seinen Namen zu Recht: Seine faszinierende Musterung macht ihn zu einem der schönsten Vertreter der Spezies. Zu den charakteristischen Merkmalen gehört der orangefarbene bis rote Kopf mit dem schwarzen Fleck. Die Beine werden durch ein helles Netzmuster verziert, das sich mitunter auch auf dem Rücken wieder findet. Seine Heimat sind die Anden im Norden Perus, wo er Höhenlagen von 500 bis 800 m bewohnt. Allerdings wird der Fantasticus nur selten importiert und noch seltener gezüchtet. Da er obendrein recht anspruchsvoll ist, gehört er nur in die Hände erfahrener Froschzüchter.
Der Rotkopf-Baumsteiger wird maximal 2,5 cm groß und gehört damit zu den kleineren Arten. Die Weibchen sind im Allgemeinen größer und fülliger als die Männchen. Pro Gelege werden drei bis sechs Eier produziert. Die Quappen müssen einzeln aufgezogen werden.
Anforderungen: Da es sich um einen Bergbewohner handelt, sollten die Temperaturen tagsüber nicht über 27 °C klettern und nachts bei 20 bis 22 °C liegen. Die erforderliche Luftfeuchtigkeit ist mit rund 90 % recht hoch. Da der schöne Frosch eher von der scheuen Sorte ist, braucht er ausreichend Verstecke. Außerdem ist er ein begeisterter Kletterer und benötigt somit eine gewisse Terrarienhöhe. Gerne benutzt er Bromelien in verschiedenen Höhen als Schlaf- und Laichplätze. Gefressen werden vor allem Springschwänze, aber auch Fruchtfliegen, Grillen und tropische Asseln.

Das kräftig-rote Erdbeer-fröschen, *Dendrobates pumilio*, macht seinem Namen alle Ehre.

Erdbeerfröschchen, *Dendrobates pumilio*

Zu den schönsten Pfeilgiftfröschen gehört unzweifelhaft das Erdbeerfröschchen. Wie der Name vermuten lässt, ist die kräftig-rote Farbe sein Markenzeichen. Allerdings gibt es auch diese Art in mehreren Variationen. Manche Exemplare sind blau, grün, orange, gelb oder fast weiß. Einige davon einfarbig, andere schwarz gesprenkelt. Auch andersfarbige Beine sind nicht selten. Außerdem hat das Tier sehr schöne Zeichnungen. Die Vielfalt hängt mit dem großen Verbreitungsgebiet der Art zusammen. Dieses erstreckt sich von Nicaragua, über Costa Rica bis nach Panama. Dort lebt der bunte Frosch in den Tieflandregenwäldern in bis zu 800 m Höhe.

Mit einer Größe von 1,7 bis 2,4 cm zählen Erdbeerfröschchen zu den Miniaturausgaben. Die Frage: Männchen oder Weibchen? Kann man bei dieser Art kaum beantworten. Der einzige erkennbare „kleine" Unterscheid: Der Kehlbereich ist bei manchen Männchen etwas dunkler gefärbt.

Der Ruf des Erdbeerfröschchens ähnelt einem Keckern. Pro Gelege werden fünf bis zwölf Eier produziert. Das Weibchen transportiert die Quappen in kleine Wasseransammlungen wie Bromelienachseln. Die Zucht des Erdbeerfröschchens ist äußerst schwierig, denn das Muttertier füttert den Nachwuchs mit Nähreiern. Die künstliche Aufzucht mit Ersatzeiern artfremder Dendrobaten ist machbar, aber mühevoll und gelingt nur erfahrenen Züchtern. Wenn es versucht wird, sei die Einzelhaltung angeraten.

Die Jungtiere werden im Alter von zwölf bis 14 Monaten geschlechtsreif.

Anforderungen: Erdbeerfröschchen sind sehr aktiv. Sie haben ein starkes Territorialverhalten und sind generell auffallend aggressiv. Deswegen dürfen sich die Vertreter dieser Art nicht zu eng auf dem Leib sitzen. Eine Gruppenhaltung ist nur in einem großen Terrarium möglich. Dieses sollte zudem dicht bewachsen und möglichst hoch sein. Die Froschart zählt zwar zu den Bodenbewohnern, klettert aber im Terrarium gerne herum, wobei sie sich am liebsten in Bromelien aufhält. Diese Pflanzen sollten dem Erdbeerfröschchen daher in ausreichender Menge zur Verfügung stehen.

Die Temperatur muss tagsüber bei 24 bis 28 °C liegen und nachts auf 22 °C abfallen. Die Luftfeuchtigkeit sollte 80 bis 90 % betragen. In der Heimat dieser Art findet in den Monaten Mai bis September eine Regenzeit statt. Auch im Terrarium darf es dann etwas feuchter sein. Als Futter eignen sich kleine Insekten. Aufgrund der schwierigen Zucht werden meist Wildfänge verkauft – und die sind (geschwächt durch den Transport) meist bei weitem nicht so robust wie die Nachzuchten anderer Arten. Vor allem deswegen ist das schöne Erdbeerfröschchen für Anfänger nicht geeignet. Bei guter Pflege kann es zehn bis 15 Jahre alt werden.

Kleine Sprenkel, Punkte oder größere Flecken, auch unter den Erdbeerfröschchen, *Dendrobates pumilio*, ist die Vielfalt enorm groß.
Foto: C. Steimer

Dentrobates histrionicus, Gepunkteter Pfeilgiftfrosch

Diese Frösche haben ein äußerst vielfältiges Erscheinungsbild. Meist erkennt man sie jedoch – wie der Name schon andeutet – an ihren gelben, orangefarbenen oder roten Punkten. Mal ist nur ein großer Fleck vorhanden, mal sind es viele kleine. Die Basishautfarbe ist schwarz oder ein rötliches Braun. Es gibt auch eine Variante, die einfarbig orange ist. Der gepunktete Pfeilgiftfrosch stammt aus den Regenwälder Kolumbiens und Ecuadors, wo er in Höhenlagen von 20 bis 1000 m lebt. Er erreicht eine maximale Größe von 3,8 cm.

Sein Rufen ähnelt einem leisen Quaken. Pro Gelege werden vier bis 20 Eier produziert. Das Gelege wird von der Mutter bewacht. Sie bringt die Quappen auch zu den Wasserstellen. Dieser Frosch ernährt seinen Nachwuchs ebenfalls mit speziellen Futtereiern – die Zucht ist daher schwierig. Die Jungtiere können zudem später nur mit kleinstem Futter wie Springschwänzen aufgezogen werden.

Anforderungen: Benötigt wird eine Temperatur von 23 bis 28 °C am Tage sowie 21 °C nachts. Die Luftfeuchtigkeit sollte 70 bis 100 % betragen. Man sollte diese Art nie mit dem *Dendrobates lehmanni* zusammen setzen, da sich die beiden kreuzen. Gefressen werden die üblichen Futtertiere. Da die Zucht sehr schwierig ist, wird *Dendrobates histrionicus* hierzulande nur selten angeboten. Daher gehört er – ebenso wie das Erdbeerfröschchen – nur in die Hände von wirklichen Profis. Dieser Frosch kann im Terrarium ein Alter von neun Jahren erreichen.

In deutschen Terrarien selten zu finden: Der empfindliche *Dendrobates histrionicus* aus Kolumbien. Die hier zu sehende Erscheinungsform nennt sich „Bullaugenzeichnung". Foto: bede-Verlag

Leider empfindlich: Der Rotgeringelte Pfeilgiftfrosch, *Dendrobates lehmanni*, gehört ausschließlich in die Hände von sehr erfahrenen Pflegern. Foto: B. Kahl

Dentrobates lehmanni, Rotgeringelter Pfeilgiftfrosch oder Lehmanns Baumsteiger

Hübsch – aber heikel: Der Rotgeringelte Pfeilgiftfrosch ist gelb, orangefarben oder rot und hat schwarze (manchmal auch braune) Bänder auf dem Rücken. Bei vielen Exemplaren sind die Zehen weißlich. Er stammt aus einer kleinen Region in Kolumbien: dem Anchicaya Valley. Dort bewohnt er Höhenlagen von 850 bis 1200 m ü. NN. Mit 2,5 bis 3,6 cm erreicht dieser Frosch im Vergleich zu anderen Pfeilgiftfröschen eine mittlere Größe. Nur manchmal pflanzen sich die Frösche im Terrarium fort – und wenn, dann nur in sehr geräumigen Behältern. Das Gelege besteht aus vier bis 20 Eiern. Es wird von der Mutter bewacht. Das Weibchen bringt die Quappen auch zu den Wasserstellen, wo es den Nachwuchs mit Nähreiern füttert. Im Terrarium versorgen die Weibchen die Quappen allerdings meist nicht. Es gibt aber Züchter, die die Nachzucht mit dehydriertem Hühnereigelb aufziehen. Die Jungtiere können anschließend nur mit Springschwänzen gefüttert werden. Sie erreichen die Geschlechtsreife im Alter von zwölf Monaten.

Anforderungen: In der Heimat dieses Froschs, dem Hochlandregenwald, ist es vergleichsweise kühl. Dort klettert die Temperatur am Tag nicht über 22 oder 23 °C und fällt nachts auf 18 bis 20 °C ab. Bei der Terrarienhaltung sollte man sich immer an den natürlichen Bedingungen orientieren. Die erforderliche Luftfeuchtigkeit beträgt 70 bis 100 %. Gefressen werden die üblichen kleinen bis mittleren Futtertiere. Auch der Rotgeringelte Pfeilgiftfrosch gehört nur in die Hände eines erfahrenen Froschfans.

Dentrobates granuliferus
Rauhrücken-Baumsteiger

Der Name deutet darauf hin: Den Rauhrücken-Baumsteiger erkennt man an seinem stark grobkörnigen Rücken. Meist ist dieser rot bis orange-rot gefärbt, wobei die Beine türkis bis grün sind. Diese Art findet sich nur in einigen vereinzelten Gebieten von Costa Rica, wo sie in Flachlandregenwäldern bis in maximal 150 m ü. NN verbreitet ist.

Mit 1,7 bis 2,2 cm Größe gehört der Granuliferus zu den kleineren Vertretern der Gattung. Männchen und Weibchen sind gleich groß. Es gibt keinen Anhaltspunkt, um die Geschlechter zu unterscheiden.

Pro Gelege werden zwei bis fünf Eier produziert. Das Weibchen versorgt die Quappen mit Nähreiern. Die Larven müssen einzeln aufgezogen werden. Wegen der schwierigen Zucht sollten sich nur erfahrene Terrarianer diesen Frosch zulegen.

Anforderungen: Von der problematischen Zucht abgesehen ist dieser Frosch recht pflegeleicht. Als Baumsteiger benötigt *Dendrobates granuliferus* ein hohes Terrarium mit abwechslungsreichen Klettermöglichkeiten. Die Tagestemperatur muss 22 bis 24 °C betragen und nachts um 4 bis 5 °C absinken. Die Luftfeuchtigkeit sollte zwischen 80 und 100 % schwanken. Da der Rauhrücken-Baumsteiger selbst so winzig ist, frisst er auch nur Minifutter wie Springschwänze, tropische Asseln, Milben und Blattläuse.

Seinen Namen verdankt der winzige *Dendrobates granuliferus* aus Costa Rica seinem krötenähnlichen, rauen Rücken. Meist ist seine Oberseite rot gefärbt, während die Beinchen türkisfarben bis schwarzgrün koloriert sind. Es gibt aber auch rote und gelblich-grüne Exemplare.
Foto: B. Kahl

Dentrobates speciosus, Glanzbaumsteiger

Ein echter Spezialfall: Die Heimat des Speciosus sind die Nebelregenwälder von Panama, die in Höhen von 1000 und 1500 m liegen. In diesen Lagen klettert die Temperatur am Tag nicht über 22 °C und fällt nachts auf 18 °C ab. Und: Die Luftfeuchtigkeit beträgt nahezu 100 % (mittags etwas weniger).
Beim Glanzbaumsteiger handelt es sich um einen roten Frosch, der oft eine schwarze Netzzeichnung aufweist. Er wird 2 bis 3 cm groß. Sein Rufen ähnelt einem Trillern. Vom Weibchen werden bis zu 16 Eiern gelegt, die mit Nähreiern versorgt werden müssen – was bei Terrarienhaltung jedoch meist ausbleibt. Die Zucht gestaltet sich ähnlich schwierig wie beim Erdbeerfröschchen. Wenn man es versucht, müssen die Larven auf jeden Fall einzeln gehalten werden. Es handelt sich um einen sehr kletterfreudigen Frosch, der nur kleinste Futtertiere wie Springschwänze, Wiesenplankton oder grüne Blattläuse akzeptiert. Ein Expertenfrosch, der – wenn überhaupt – nur bei absoluten Profis gut aufgehoben ist.

Dendrobates imitator, Falscher Fünfstreifen-Baumsteiger

Diese relativ scheue und kleine Art stammt aus dem Nordosten Perus. Dort lebt sie zumeist in Bergregenwälder in Höhen von 350 bis 1 000 m. Viele Exemplare haben eine schwarze Grundfarbe mit gelbgrüner Netzzeichnung. Es gibt jedoch auch Variationen mit gelb-grüner Farbe, auf der sich schwarze Punkte befinden. Die Beine können dieselbe Musterung wie der Rücken oder eine andere Färbung und Zeichnung aufweisen. An der Schnauzenspitze sind meist zwei schwarze Flecken zu sehen.

Nicht ganz einfach zu erkennen: Den *Dendrobates imitator* gibt es in verschiedenen Variationen. Hier die orangefarbene Form. Foto: C. Steimer

Der Imitator wird maximal 2,5 cm groß. Die Männchen sind etwas kleiner als die Weibchen. Ihr Rufen klingt ähnlich wie das Zirpen eines Heimchens. Diese Frösche haben ein ausgeprägtes Territorialverhalten und legen nur ein bis drei Eier pro Gelege (vorzugsweise in Bromelien). Das Weibchen füttert die Quappen mit Nähreiern. Man kann sie aber auch mit Fischfutter, Mückenlarven oder kleinen Fruchtfliegen ernähren. Die Quappen müssen einzeln aufgezogen werden. Sie erreichen ihre Geschlechtsreife mit elf bis zwölf Monaten.
Anforderungen: Tagsüber werden 24 bis 26 °C benötigt, die Temperatur sollte nachts um 5 bis 6 °C absinken. Die erforderliche Luftfeuchtigkeit beträgt 80 bis 100 %. Allerdings findet in der Heimat der Art von September bis April eine Regenzeit statt. Deswegen sollte es ein paar Monate lang auch mal im Terrarium etwas feuchter zugehen.
Der Imitator klettert sehr gern. In seiner

natürlichen Umgebung ist der Frosch auf dem Boden aber auch auf Bäumen in einer Höhe von 0,5 bis 3 m anzutreffen. Aus diesem Grund sollte das Terrarium eher hoch als breit sein und mehrere Ebenen mit Klettermöglichkeiten besitzen. Da sich der Frosch vorzugsweise in Bromelien aufhält, empfiehlt es sich, das Terrarium mit diesen Pflanzen ausreichend zu bestücken. Die Frösche haben ein ausgeprägtes Territorialverhalten und müssen deswegen aufmerksam beobachtet – und gegebenenfalls getrennt werden. Gefressen werden die üblichen Futtertiere.

Dendrobates mysteriosus, Maranon Pfeilgiftfrosch

Dieser Pfeilgiftfrosch ist ein echter Blickfang. Er hat weiße Punkte auf brauner Grundfarbe. Seine Heimat sind die peruanischen Regenwälder, wo er in Höhen um 900 m zu finden ist. Überhaupt liebt er die Höhe. Er wohnt 10 m über dem Erdboden – und zwar in Bromelien. Der Mysteriosus zählt zu den kleineren Vertretern der Gattung. Er wird nur 2,5 bis 2,7 cm groß. Pro Gelege werden zehn bis zwölf Eier produziert. Die Quappen lassen sich gut mit Mückenlarven und Fischfutter aufziehen.
Anforderungen: Die Tagestemperatur sollte zwischen 22 und 24 °C liegen und nachts um 6 °C absinken. Die erforderliche Luftfeuchtigkeit beträgt nur 40 %. Da es sich um einen kletterfreudigen Frosch handelt, sollte man ihn nur in hohen Terrarien mit Klettermöglichkeiten unterbringen. Auch ist es ratsam, einen (oder besser zwei) „Wohnbäume" mit „Wohnbromelien" einbauen. **Tipp:** Der Mysteriosus bevorzugt Stachelbromelien.

Dentrobates reticulatus, Genetzter Baumsteiger oder Rotrücken-Baumsteigerfrosch

Er ist winzig, aber unverwechselbar. *Dendrobates reticulatus* wird nur 1,3 bis 1,6 cm groß. Der Großteil seines Rückens ist rot. Den Rest ziert eine wunderschöne weiße Netzzeichnung auf schwarzem Untergrund. Er stammt aus dem Nordosten Perus. Dort lebt er in den dichtbewachsenen, schattigen Wäldern. Meist findet man ihn auf dem Boden, manchmal auch auf Bäumen in maximal 2 m Höhe – allerdings nicht in Bromelien.
Die Weibchen sind etwas größer als die Männchen. Pro Gelege werden nur ein bis fünf Eier produziert. Das Männchen trägt die Kaulquappen auf dem Rücken und setzt sie in Bromelientrichtern oder -blattachseln ab. Dort werden sie dann vom

Dendrobates reticulatus hat eine unverwechselbare Zeichnung. Unterseite, Beine und ein Teil des Rückens zeigen ein auffälliges Netzmuster. Foto: C. Steimer

Weibchen mit Nähreiern versorgt. Die Quappen können vom Pfleger aber auch mit Algen und Kleinstlebewesen gefüttert werden – man muss sie jedoch einzeln aufziehen.
Anforderungen: Eine Tagestemperatur von 24 bis 27 °C ist ideal, nachts sollte sie um 3 bis 4 °C absinken. Die erforderliche Luftfeuchtigkeit beträgt 80 bis 100 %. Für die Bodenbewohner ist Eichen- oder Buchenlaub als Bodenschicht optimal. Da die Frösche recht kletterfreudig sind, darf das Terrarium nicht zu niedrig sein. Diese Frösche verhalten sich oft recht aggressiv. Die Vertreter anderer Arten wie auch den eigenen Artgenossen gegenüber. Eine paarweise Unterbringung ist daher sinnvoll. Teilt sich eine Gruppe ein Terrarium, dann sollte man auf einen Weibchenüberschuss achten und das Verhalten der Frösche untereinander genau beobachten. Da dieser Frosch nicht gerade pflegeleicht ist, eignet er sich nur für den erfahrenen Froschliebhaber.

Dentrobates variabilis, Variabeler Baumsteiger

Der kletterfreudige Frosch bewohnt die kühleren Bergregenwälder Perus in Höhen von 250 bis 1 000 m. Man findet ihn meist paarweise in Bromelien. Manchmal wohnt er so hoch in den Bäumen (bis 15 m), dass sich sein Zuhause in den Wolken befindet.
Der Frosch sieht *Dentrobates imitator* recht ähnlich. Mehrere Farbvarianten sind bekannt, unter anderem rote und gelbe, aber auch grüne Frösche. Allerdings hat *Dendrobates variabilis* – im Gegensatz zu *D. imitator* – nur einen runden Fleck auf der Schnauzenspitze. Auch hier handelt es sich um eine sehr kleine Art. Diese Frösche werden maximal 1,4 bis 1,7 cm groß. Dabei sind die Männchen noch kleiner als die Weibchen. Ihre Rufe sind leise und erinnern an ein Knirschen. Die Eier werden gerne in Bromelien abgelegt. Pro Gelege werden zwei bis 15 Eier produziert. Die Larven müssen einzeln aufgezogen werden. Die Geschlechtsreife tritt bereits im Alter von zehn bis zwölf Monaten ein.
Anforderungen: Dieser Frosch liebt es vergleichsweise kühl. Deswegen darf die Temperatur 25 °C nicht überschreiten. Idealerweise liegt sie zwischen 20 und 23 °C. Die nötige Luftfeuchtigkeit beträgt 70 bis 100 %. Da es sich um eine kletterfreudige Art handelt, darf das Terrarium auf keinen Fall zu niedrig sein. Gruppenhaltung ist möglich. Gefressen werden die üblichen kleinen Futterinsekten.

Fast wie mit dem Lineal gezogen: Nahezu nahtlos geht die feine Musterung der Unterseite in das Rot des Rückens über.

Die Epipedobaten

Epipedobaten erkennt man unter anderem insbesondere an ihrem ersten Finger. Dieser ist länger oder gleich lang wie der zweite Finger. Zudem sind die Fingerkuppen bei den Fröschen dieser Gattung nur mäßig verbreitert. Das Weibchen legt die Eier häufig in Abwesenheit des Männchens ab. Der zukünftige Vater sucht das Gelege erst später auf und übernimmt anschließend die Befruchtung. Die Frösche dieser Gattung platzieren ihren Nachwuchs meist in Pfützen oder kleinen Rinnsalen.

Epipedobaten ist eine weitere Gattung von Baumsteigern. Sie sind die "Carusos" unter den Pfeilgiftfröschen.
Foto: U. Dost

Ein dankbarer Pflegling: Der *Epipedobates tricolor* ist nicht nur einfach zu halten und leicht zu vermehren, sondern auch interessant zu beobachten. Als einziger Vertreter der Gattung ist er daher häufiger in der Terraristik anzutreffen. Und: Er singt wunderschön.

Epipedobates tricolor, Dreistreifenblattsteiger

Die Dreistreifenblattsteiger sind muntere Kerlchen. Sie laufen und klettern unentwegt im Terrarium herum. Außerdem sind diese Frösche pflegeleicht, robust, leicht einzugewöhnen und sie vermehren sich fast automatisch. Daher sind die Dreistreifenblattsteiger für den Neueinsteiger bestens geeignet.

Wildfänge sind meist schwarz, mit goldgelben Streifen. Bei Nachzuchten verändert sich die Farbgebung. Die hierzulande üblichen Dreistreifenblattsteiger haben einen feuer-roten bis braunen Körper über den sich drei weiße bis hellgrüne Längsstreifen ziehen. Das Farbspektrum der Streifen reicht von weiß über gelb bis hin zu grünlich. Die Hinterbeine sind meist in der Farbe der Streifen gesprenkelt.

Die Art stammt ursprünglich aus den Anden im Südwesten Ecuadors. Dort leben die Frösche in Höhen zwischen 1 200 und 1 800 m. Der Dreistreifenblattsteiger wird kaum größer als 3 cm. Auch hier sind die Männchen etwas kleiner und dünner als die Weibchen. Dafür gehören die Tricolor-Herren zu den Krakelern unter den Pfeilgiftfröschen. Die Männchen rufen sehr laut, wobei ihr Trillern ein wenig an einen Kanarienvogel erinnert. In der Regel beginnt dieses Konzert in den Abendstunden oder nach dem Besprühen.

Epipedobates tricolor ist ein fleißiger Eierproduzent. Bis zu 40 Eier können sich in einem Gelege befinden. Hinzu kommt: Manche Weibchen legen alle zehn Tage ein Gelege. Als Laichplatz eignen sich halbierte Kokosnusshälften (mit Eingang). Ein weiterer Vorteil dieser Art ist: Das Männchen kümmert sich auch im Terrarium häufig selbst um die Aufzucht. Bei der künstlichen Aufzucht ist Einzelhaltung empfehlenswert. Die Jungtiere erreichen die Geschlechtsreife vergleichsweise früh und sind bereits mit sechs bis acht Monaten so weit.

Da die Frösche sich so gut vermehren, sollte man den Paaren ab und an eine Pause gönnen und sie für einige Monate trennen. Sonst weiß man auch bald nicht mehr, wohin mit den Nachwuchs ...

Ein weiteres Problem: Bei „Fließbandproduktion“ werden die Jungtiere häufig immer schwächer und haben dann nicht selten Streichholzbeinchen.

Anforderungen: Benötigt werden Tagestemperaturen von 23 bis 26 °C bei einer nächtlichen Absenkung auf circa 20 °C. Die Luftfeuchtigkeit beträgt am besten 70 bis 100 %.

Obwohl die Frösche recht klein sind, brauchen sie viel Platz. Denn *Epipedobates tricolor* hat ein ausgeprägtes Territorialverhalten und zählt zu den ruppigeren Kollegen. Daher muss das Terrarium auch genug Verstecke für unterlegene Mitbewohner bieten. Die Verstecke sollten sich idealerweise auf mehreren Ebenen befinden. Gefüttert werden die üblichen Futtertiere. Der Dreistreifenblattsteiger kann bis zu 15 Jahre alt werden.

***Epipedobates azureiventris*, Himmelblauer Baumsteiger)**

Ein seltener Frosch mit einer hübschen Bauchseite: Sie ist himmelblau und mit schwarzen Punkten gesprenkelt. Auf dem schwarzen Rücken verlaufen seitlich Streifen, die häufig rötlich gefärbt sind. Diese Art ist in den peruanischen Anden beheimatet. Dort leben diese Frösche im Regenwald in circa 700 m Höhe. Die Frösche erreichen eine Größe von 2,3 bis 2,8 cm, auch bei dieser Art sind die Weibchen etwas größer als ihre Partner. Pro Gelege werden zwölf bis 16 Eier produziert.
Anforderungen: Die Temperaturen müssen tagsüber bei 24 °C liegen, in der Nacht sollte es etwas kühler werden. Die Luftfeuchtigkeit beträgt günstigerweise 80 bis 100 %. Da der Himmelblaue Baumsteiger ein ausgeprägtes Territorialverhalten hat, benötigt er bei Gruppenhaltung ein entsprechend geräumiges Terrarium mit vielen Versteckmöglichkeiten. Gefressen werden die üblichen Futtertiere.

***Epipedobates bassleri*, Basslers Baumsteiger**

Dieser Frosch ist zwar nur selten zu bekommen, aber die Haltung ist nicht sonderlich kompliziert. Vorausgesetzt, man beachtet ein paar Regeln: Die Frösche ziehen sich gerne zurück und braucht dem entsprechend viele Verstecke. Da sie als stressanfällig gelten, muss man diese Frösche besonders sorgfältig im Auge behalten.
Die Grundfärbung ist schwarz, Kopf und Rücken sind gelb, grüngelb oder orange. Der Bassleri kommt aus den Bergwäldern Perus, wo er mittlere Höhenlagen bevorzugt. Er wird 4 bis 5 cm groß, wobei die Männchen etwas kleiner sind. Ihr Rufen erinnert an ein Pfeifen. Pro Gelege werden zwölf bis 40 Eier produziert, um die sich das Männchen kümmert. Die Geschlechtsreife tritt mit zwölf bis 13 Monaten ein.
Anforderungen: Basslers Baumsteiger mag es nicht zu warm. Die Temperatur sollte 19 °C nicht unter- und 25 °C nicht überschreiten. Die erforderliche Luftfeuchtigkeit liegt bei 70 bis 100 %. Benötigt wird ein großes, flaches Terrarium mit vielen Klettermöglichkeiten. Dieser Frosch akzeptiert die üblichen, kleinen Futterinsekten.

Der *Epipedobates bassleri* stammt aus den Lichtungen der Bergwälder und freut sich über jede Klettergelegenheit. Foto: Jürgen Schmidt

Epipedobates bilinguis, Ecuador-Baumsteiger

Kopf und Rücken des Ecuador-Baumsteigers sind dunkelrot bis rotbraun gefärbt. An den Beinen hat er gelbe Flecken. Die Bauchseite ist hellblau mit schwarzen Flecken oder Strichen.
Seine Heimat sind die Tropenwälder in Ecuador und Peru. Mit einer Größe von maximal 2,5 cm gehört er zu den kleineren Vertretern der Gattung. Dabei sind die Weibchen in der Regel etwas größer als die Weibchen. Pro Gelege werden sechs bis 13 Eier produziert, die vom Männchen versorgt werden.
Anforderungen: Die Tagestemperatur sollte bei 22 bis 25 °C liegen und nachts um 2 bis 3 °C abkühlen. Die Luftfeuchtigkeit muss 80 bis 100 % betragen. Diese Frösche haben ein ausgeprägtes Territorialverhalten und benötigen daher viel Platz. Ein flaches, geräumiges Terrarium mit vielen Versteckmöglichkeiten ist ideal. Gefressen werden die üblichen, kleinen Futterinsekten.

Epipedobates bassleri ist als schreckhaft bekannt. Er braucht ein ruhiges Umfeld und viel Sichtschutz. Foto: J. Schmidt

Dieser Pfeilgiftfrosch ist kleiner als ein Daumen

Epipedobates boulengeri, Marmorierter Baumsteiger

Der Marmorierter Baumsteiger ist zwar ein eher unscheinbarer Vertreter seiner Gattung, aber interessant zu beobachten. Seine Rückenfärbung ist braun, die Seiten sind schwarz, mit gelber bis bronzefarbener Sprenkelung. Außerdem zeigt er weiße Striche. Die Unterseite weist eine gelbschwarze Marmorierung auf. Die Beine haben eine hellbraune Färbung mit schwarzen Querbändern. Zu Hause ist die Art in den Nebel-Regenwälder Ecuadors und Kolumbiens. Dort lebt sie in einer Höhenlage von rund 1 400 m. Diese Region zeichnet sich durch häufige Regenfälle und ständigen Nebel aus.
Zwar erreicht dieser Frosch nur eine Größe von 1,8 bis 2,2 cm, wobei die Männchen etwas kleiner und schlanker sind, aber dafür ist er ein echter Schreihals. Der Lärmpegel seines Rufs übertrifft sogar die Balzrufe von *Epipedobates tricolor*.
Anforderungen: Diesen Fröschen geht es bei einer Temperatur von 18 bis 25 °C tagsüber gut. Nachts sollte es mit 15 °C im Terrarium merklich kühler werden. Die Luftfeuchtigkeit muss dagegen relativ hoch sein; sie sollte 90 bis 100 % betragen.
Dieser Bodenbewohner lebt in feuchten bis sumpfigen Regenwaldgebieten. Er benötigt daher ein flaches, möglichst sumpfig-feuchtes Terrarium mit vielen Verstecken. Dennoch muss jede Fäulnis- und Schimmelbildung im Terrarium verhindert werden.
Gefressen werden die üblichen Futterinsekten. *Epipedobates boulenger* ist aufgrund seiner Ansprüche eher für den fortgeschrittenen Terrarianer geeignet.

Epipedobates parvulus, Rubin-Baumsteiger

Der Rubin-Baumsteiger zählt zu den unbekannteren Arten. Lediglich manchmal kann man ein Exemplar aus einer privaten Nachzucht ergattern. Da er so selten ist und man auch nicht viel über ihn weiß, kommt er nur für den erfahrenen Pfleger infrage.
Sein Kennzeichen ist der rubinrote, manchmal auch rotbraune Rücken. Die Seiten sind schwarz gefärbt, die Bauchseite ist hellblau, mit dunklen Flecken und Strichen. Die Hinterbeine haben einen dunklen Farbton mit hellblauen Sprenkeln.
Die Heimat von *Epipedobates parvulus* sind die schattigen Regenwälder Ecuadors und Perus. Der Frosch erreicht eine maximale Größe von 2,4 cm. Auch hier sind die Männchen häufig etwas kleiner.
Anforderungen: Die Temperatur sollte um die 22 bis 24 °C liegen, die Luftfeuchtigkeit 80 bis 100 % betragen. Der Rubin-Baumsteiger benötigt ein flaches Terrarium mit vielen Versteckmöglichkeiten. Er akzeptiert die üblichen Futterinsekten.

Epipedobates pulchripectus, Schönbrust-Baumsteiger

Die Zucht von *Epipedobates pulchripectus* ist schwierig, daher ist dieser Frosch auch nur selten zu bekommen. Und wenn, dann gehört er in die Obhut eines Pfeilgiftfrosch-Experten. Der Schönbrust-Baumsteiger hat einen braunen Rücken, der von einem weißen Streifen umrahmt wird. Seine Flanken sind blauschwarz mit hellblauer Marmorierung, auch die Beine grün marmoriert. Zudem weist dieser Frosch ein paar hellgelbe Flecken auf. Er stammt aus Guyana. Er wird maximal 3 cm groß, wobei die Männchen meist deutlich kleiner bleiben.

Anforderungen: Die Temperatur muss bei 22 bis 25 °C liegen, die Luftfeuchtigkeit 80 bis 100 % betragen. Das Terrarium sollte dicht bepflanzt sein und viele Versteckmöglichkeiten bieten. Gefressen werden die üblichen Futterinsekten.

Der Rubin-Baumsteiger *Epipedobates parvulus* hat ein großes Kletterbedürfnis. Deswegen braucht er ein hohes Terrarium mit verschiedenen Ebenen.

Epipedobates pictus, Kleiner Baumsteiger

Auf einer schwarzen bis dunkelbraunen Grundierung zeichnen sich weiße Flecken ab. Die untere Seite ist dunkelgrau, mit einer marmorierten Fläche am Hinterteil. Ein heller Fleck befindet sich jeweils auf der Innenseite der Oberschenkel. Die Haut ist stark granuliert. Zu finden ist *Epipedobates pictus* in Venezuela, Kolumbien, Brasilien und Peru. Er wird maximal 2,9 cm lang, wobei auch bei diesem Frosch die Männchen deutlich kleiner sind.
Gerufen wird meist morgens und am Nachmittag. Das Rufen ist leise und ähnelt eher einem Piepsen. Dieser Frosch lässt sich gut züchten. Pro Gelege werden bis zu 30 Eier produziert. Nach dem Landgang können die Jungfrösche zunächst nur Springschwänze bewältigen.
Anforderungen: Benötigt wird eine Tagestemperatur von 25 bis 28 °C, die nachts um 3 bis 4 °C abfällt. Die erforderliche Luftfeuchtigkeit beträgt 70 bis 100 %. Diese Frösche klettern gerne und sie brauchen ausreichende Versteckmöglichkeiten. Werden nur wenige Frösche gehalten, so verhalten sie sich eher scheu. Deswegen sollte man ein geräumiges Terrarium mit einer größeren Gruppe besetzen. Gefressen werden die üblichen Futterinsekten.

Klein, aber fürsorglich: Auch die Miniatur-frösche der Gattung *Epipedobates* - wie der *Epipedobates pictus* – tragen meist ihre Kaulquappen auf dem Rücken. Foto: TFH

Epipedobates silverstonei, Roter Baumsteiger

Der Rote Baumsteiger ist zwar ein bisschen scheu, gehört aber zu den prächtigsten Pfeilgiftfröschen. Sein Rücken zeigt meist eine orangefarbene (bis tomatenrote) Färbung. Einige der Frösche sind fast einfarbig, andere weisen unterschiedlich große dunkelblaue bis schwarze Flecken oder ein schwarzes Netz auf. Seine Heimat sind die Nebelregenwälder von Peru, wo sich diese Frösche in relativ kühlen Höhenlagen von 1 300 bis 1 800 m ü. NN finden. Der Frosch wird maximal 4,2 cm groß. Auch hier sind die Männchen meist kleiner als die Weibchen. Das Weibchen produziert mit 40 bis 45 Eiern verhältnismäßig große Gelege. Diese werden von dem Männchen bewacht. Die Geschlechtsreife tritt im Alter von 14 bis 16 Monaten ein.

Anforderungen: Aufgrund seiner kühlen Heimat benötigt dieser Frosch tagsüber nur eine Temperatur von 20 bis 21 °C, die nachts auf 18 bis 19 °C abfällt. Die Luftfeuchtigkeit muss zwischen 70 bis 100 % liegen. Das Terrarium sollte mehrere Ebenen haben, da die Tiere gerne klettern.

Achtung: *Epipedobates silverstonei* ist stressempfindlich.

Seinem deutschen Namen zum Trotz ist der *Epipedobates trivittatus* scheu, schreckhaft und schutzbedürftig. Eine dichte Vegetation ist daher ein Muss.
Foto: TFH

Epipedobates trivittatus, Grüner Riesengiftfrosch

Seine schwarze Grundfarbe wird durch gelbe Streifen aufgelockert. Die untere Seite und seine Beine sind schwarz, mit blauer oder grüner Marmorierung. Viele der Frösche haben grüne Hinterbeine. Zu Hause ist er in Guyana, Französisch Guyana, Surinam, Brasilien, Peru, Bolivien, Ecuador und Kolumbien. Dort bewohnt er Tieflandregenwälder zwischen 40 und 600 m Höhe und ist dort meist in Bromelien zu finden. Der Frosch wird 3 bis knapp 5 cm groß, wobei die Weibchen größer und fülliger als die Männchen sind. Pro Gelege werden 15 bis 30 Eier produziert.

Anforderungen: Die Tagestemperatur sollte 23 bis 25 °C betragen, bei einer Nachtabsenkung um 3 bis 4 °C. Die erforderliche Luftfeuchtigkeit liegt bei über 70 bis 100 %. Da es sich um scheue, schreckhafte und kletterfreudige Frösche handelt, wird ein geräumiges und dicht bepflanztes Terrarium benötigt. Gefressen werden die üblichen Futterinsekten. Jungfrösche benötigen sehr kleines Futter.

Sehr beliebt: der *Epipedobates silverstonei*. Auch er hat - wie der *Dendrobates granuliferus* - eine grobkörnige Haut.

Epipedobates zaparo, Blut-Baumsteiger

Der Zaparo-Baumsteiger ist in Peru und Ecuador heimisch. Dort lebt er in der Laubschicht der Bergwälder. Seine Merkmale sind sein rotbrauner Rücken, die schwarzen Flanken und die braunen Beine. Zudem ist die Haut auf seinem Rücken immer deutlich granuliert. Der Frosch wird 2,6 bis 3 cm groß. Auch hier bleiben die Männchen etwas kleiner. Vom Weibchen werden Gelege mit 15 bis 25 Eiern produziert, die in kleinen Löchern oder zwischen dem Laub auf dem Boden abgelegt werden.
Anforderungen: Benötigt wird eine Tagestemperatur von 22 bis 25 °C, mit einer Nachtabsenkung um 5 bis 6 °C. Die Luftfeuchtigkeit sollte 70 bis 100 % betragen. Eine Gruppenhaltung ist möglich. Gefressen werden die üblichen, kleinen und mittleren Futtertiere.

Allobates femoralis, Glanzschenkel-Baumsteiger

Diese Art stellt den einzigen Vertreter der Gattung *Allobates* dar. Das Aussehen des Glanzschenkel-Baumsteiger ist vergleichsweise unscheinbar. Er ist schwarz, mit vielen roten Körnchen und einem unvollständigen, hellblauen Streifen auf der Bauchseite. Sein natürliches Verbreitungsgebiet erstreckt sich von Surinam über Französisch Guyana bis nach Kolumbien. Dort findet man ihn in Höhenlagen bis zu 600 m. Der Glanzschenkel-Baumsteiger wird 2 bis 2,5 cm groß und hat ein ausgeprägtes Territorialverhalten. Sein Rufen ähnelt einem Trillern und ist recht laut. Im Gelege befinden sich üblicherweise rund 20, maximal 40 Eier.
Anforderungen: Der Glanzschenkel-Baumsteiger fühlt sich bei Temperaturen zwischen 23 und 25 °C wohl. Die erforderliche Luftfeuchtigkeit beträgt 70 bis 100 %. Er nimmt das übliche Futter an und frisst auch gerne mal eine kleine Stubenfliege.
Bemerkenswert: Dieser Frosch kann Fluginsekten im Sprung erbeuten.

Unscheinbar und trotzdem bemerkenswert: Vom *Epipedobates femoralis* wird berichtet, dass er gelegentlich Sonnenbäder nehmen soll. Fotos: TFH

Auch in den Bäumen und Sträuchern an den Ufern der großen tropischen Ströme halten sich Pfeilgiftfrösche auf.
Foto: J. Schmidt

Vorsicht:
Der äußerlich sehr attraktive *Phyllobates bicolor* wurde ebenfalls von den Indianern nachweislich zum Vergiften von Blasrohrpfeilen benutzt.
Foto: U. Dost

Die Gattung *Phyllobates*

Mit fünf Arten ist dies zwar eine kleine Gattung, die jedoch große Bedeutung für die Terraristik hat. Zum Einen befinden sich darunter jene Frösche, die ihren Mythos begründet haben: die richtig Giftigen. Darüber hinaus sehen die *Phyllobates*-Arten sehr hübsch aus, sind recht pflegeleicht und lassen sich gut vermehren.
Dennoch: Bei diesen Fröschen gilt höchste Vorsicht. Und zwar in erster Linie bei den drei extrem giftigen Arten, die von den Indianern zur Präparierung der Jagdpfeile benutzt wurden: *Phyllobates terribilis, P. bicolor* und *P. aurotaenia*.
Vor allem dann, wenn es sich um Wildfänge handelt! Direkt aus dem Regenwald importierte Exemplare verlieren ihr Gift erst nach rund sechs Monaten im Terrarium.
Man darf diese Frösche nie auf die Hand nehmen oder sich ihnen mit dem Gesicht nähern. Das Gift dringt durch kleinste Verletzungen sowie über Schleimhäute in die Blutbahn ein. Und der Tod kann schon nach wenigen Minuten eintreten.
Übrigens: Auch tot kann der Frosch noch giftig sein. Mit den restlichen Vertretern der Gattung ist ebenfalls nicht zu spaßen. Auch sie sind giftig, wenn auch nicht so stark.
Man erkennt *Phyllobates*-Arten unter anderem an ihren Fingerkuppen, die etwas breiter sind. Der erste Finger ist länger (oder gleichlang) wie der zweite. Darüber hinaus haben die Farben dieser Frösche einen metallischen Schimmer.
Im Rhythmus von zehn bis 14 Tagen werden Gelege produziert. Diese enthalten zwölf bis 36 Eier. Eine Weile lang produzieren diese Frösche Gelege wie am Fließband, dann nimmt die Produktion merklich ab. Bei der künstlichen Aufzucht sind Streichholzbeinchen leider nicht selten. Aufgrund der Giftigkeit gehören die Vertreter dieser Gattung nicht in die Hände von Anfängern – mit einer Ausnahme: *Phyllobates vittatus* eignet sich auch für terraristische Neulinge.

Der giftigste Vertreter der gesamten Familie: der *Phyllobates terribilis*. Das Gift eines einzigen Exemplars kann 20.000 Labormäuse töten. Foto: A. Norman

Phyllobates terribilis, Goldener Blattsteiger

Der „Schreckliche Pfeilgiftfrosch" ist einfarbig – und zwar goldgelb, orange, gelbgrün oder mint-farben. Manche Exemplare haben aber eine braune (bis schwarze) Unterseite. Sein natürliches Verbreitungsgebiet ist sehr begrenzt. Er findet sich nur in einer kleinen Region in Kolumbien, wo er Höhenlagen zwischen 100 und 200 m besiedelt. Mit 4,5 bis 5 cm Größe zählt *Phyllobates terribilis* zu den größeren Fröschen. Auch bei dieser Art sind die ausgewachsenen Weibchen etwas fülliger und größer als die Männchen.

Das Rufen von *P. terribilis* ist ein lang gezogenes, melodisches Trillern, das an einen Papagei erinnert. Manchmal ist auch ein Klackern zu vernehmen. Das Weibchen legt etwa 15 bis 20 Eier. Die Geschlechtsreife des Nachwuchses tritt mit 18 bis 20 Monaten vergleichsweise spät ein.

Anforderungen: Tagsüber braucht er Temperaturen zwischen 25 und 28 °C, bei einer nächtlichen Absenkung um 5 °C. Die Luftfeuchtigkeit muss 80 bis 100 % betragen. Die Jungtiere klettern sehr gerne. Daher sollte das Terrarium dicht bepflanzt sein und viele Klettermöglichkeiten bieten. Der „Schreckliche Pfeilgiftfrosch" ist ein großer Fresser und benötigt auch etwas größere Futtertiere, um satt zu werden. Dieser Frosch sollte nicht mit anderen gemeinsam gehalten werden, da sich die Toxine eventuell über die Futtertiere übertragen. Bei der Pflege des Terrariums bitte immer Gummihandschuhe anziehen (und diese anschließend gründlich waschen).

Einer der schönsten und beliebtesten Blattsteiger. Der *Phyllobates vittatus* ist leicht zu halten und zu züchten. Foto: B. Kahl

Phyllobates bicolor, Zweifarbiger Blattsteiger

Leider ist dieses Fröschlein in der Natur ebenfalls sehr giftig und daher Anfängern nicht zu empfehlen. Schade, denn *Phyllobates bicolor* ist ansonsten ein netter Zeitgenosse. Er ist sehr agil, neugierig und lässt sich im Terrarium fast immer blicken. Im Aussehen unterscheidet sich *P. bicolor* kaum von *P. terribilis*. Deshalb kann man die beiden Arten schnell verwechseln.
Was die Höhenlage seines Lebensraums betrifft, so ist der Frosch recht anpassungsfähig. Er findet sich in einer kleinen Region Kolumbiens in 25 m sowie in 1 500 m ü. NN. Deswegen kann man verbindliche Temperaturangaben kaum geben. Der Frosch erreicht eine Größe von 3,2 bis 4,2 cm. Das Rufen der Männchen ist relativ laut. Pro Gelege werden vom Weibchen bis zu 15 Eier produziert. Die Kaulquappen sollten einzeln aufgezogen werden. Im Alter von einem Jahr sind sie geschlechtsreif.
Anforderungen: Die Haltungsbedingungen ähneln jenen von *Phyllobates terribilis*. Auch *P. bicolor* ist ein großer Fresser und benötigt etwas größere Futtertiere.

Phyllobates aurotaenia, Goldstreifen-Pfeilgiftfrosch

Der Dritte im giftigen Bunde: Allerdings sieht dieser Kolumbianer etwas anders aus. Er hat eine schwarze Grundfarbe. An den Seiten verlaufen türkis- bis goldfarbene Streifen. Die Hinterbeine sind grün gesprenkelt. Mit einer Körperlänge von 2,3 bis 3,4 cm ist er außerdem recht klein. Die Haltungsbedingungen ähneln jenen von *Phyllobates terribilis* und *P. bicolor*.

Phyllobates lugubris, Kleiner Blattsteiger

Der kleinste Vertreter der Gattung *Phyllobates* ist ein dankbarer Pflegling. Er ist sehr aktiv und pflanzt sich rege fort. Seine Verträglichkeit gegenüber anderen Fröschen macht ihn außerdem zum idealen „Begleitfrosch“. Darüber hinaus vertilgt er Insekten, die andere, kleine Arten – wie das Erdbeerfröschchen – übrig lassen. Allerdings gilt er als ein wenig unscheinbar. Seine Grundfarbe ist Schwarz. Er hat zwei Rückenstreifen, deren Farben von blassgelb bis kräftig goldorange reichen. Manche Exemplare besitzen zusätzlich einen Mittelstreifen. Seine Heimat sind die karibischen Tieflandregenwälder von Costa Rica und Panama. Dort bewohnt er Höhenlagen von 0 bis 650 m ü. NN.
Der Kleine Blattsteiger wird nur 1,9 bis 2,3 cm lang. Die Weibchen werden etwas fülliger und größer als die Männchen. Der Frosch hat ein ausgeprägtes Territorialverhalten. Sein Rufen ist ein helles, nicht sehr lautes, melodisches Trillern. Die Weibchen legen ihre Eier vorzugsweise in Bromelientrichtern ab. Pro Gelege sind es zehn bis 30 Stück. Die Quappen können gemeinsam aufgezogen werden. Sie werden erst im Alter von 16 bis 18 Monaten geschlechtsreif.

Anforderungen: Die Tagestemperatur muss zwischen 24 und 26 °C betragen, nachts sollte es etwas kühler werden. Eine Luftfeuchtigkeit von 85 bis 100 % ist erforderlich. Da in seiner Heimat zwischen Mai und September Regenzeit ist, sollte es im Terrarium ein paar Monate lang etwas feuchter sein. *Phyllobates lugubris* ist ein Bodenbewohner, der aber auch gerne klettert. Er braucht dicht bewachsene Terrarien mit vielen Bromelien. Gefressen werden die üblichen Futtertiere.

Phyllobates vittatus, Gestreifter Baumsteiger

Der Gestreifte Baumsteiger ist der einzige Einsteigerfrosch dieser Gattung. Er ist hübsch, robust, pflegeleicht und lässt sich gut vermehren. Seine charakteristischen Merkmale sind metallisch glänzende, gelbe, orangefarbene oder rote Streifen auf dem schwarzen Rücken. Arme und Beine sind blaugrün. Er stammt aus Costa Rica, wo er die Tieflandwälder an der Pazifikseite bewohnt. Mit 3,5 cm erreicht er eine mittlere Pfeilgiftfroschgröße. Die Männchen sind etwas kleiner und dünner. Ihr Rufen ähnelt dem Trillern eines Vogels. Das Gelege besteht zumeist aus mindestens sechs Eiern. Manchmal befinden sich sogar mehr als 20 Eier darin. Die Weibchen produzieren im Abstand von wenigen Tagen neue Gelege. Das Männchen bewacht das Gelege und transportiert die aus den Eiern geschlüpften Quappen zu einer Wasserstelle. Die Kaulquappen können in Gruppen aufgezogen werden.

Anforderungen: *Phyllobates vittatus* benötigt eine Tagestemperatur von 24 bis 27 °C, bei einer nächtlichen Absenkung auf circa 20 °C. Die Luftfeuchtigkeit sollte 85 bis 95 % betragen. Der Frosch ist sehr territorial und neigt zu häufigen Ringkämpfen. Er braucht dementsprechend viel Platz – vor allem im unteren Bereich des Terrariums. Denn der Bodenbewohner klettert kaum und hält sich auch in seiner natürlichen Umgebung vor allem im unteren Vegetationsbereich auf. Da er obendrein ein wenig scheu ist, benötigt er eine dichte Bepflanzung mit vielen Verstecken. Gefressen werden recht kleine Futtertiere.

Der *Phyllobates vittatus* ist für seine territorialen Ringkämpfe bekannt. Damit sich diese streitlustigen Fröschchen nicht zu oft in die Quere kommen, brauchen sie viel Platz. Fotos: Steimer

Die Gattung *Colostetus*

Die Gattung *Colostetus*, die Raketenfrösche, beinhaltet mit gut 100 zwar die meisten Arten, sie spielt aber in der Terraristik kaum eine Rolle. Der Grund: Die Vertreter dieser Art sind optisch nicht besonders attraktiv, aber einige von ihnen haben eine interessante Lebensweise.

Colostetus inguinalis, Panama-Raketenfrosch

Seine Färbung variiert zwischen Braun und Grau, wobei gold- und rotbraune Schattierungen vorkommen. Die Bauchseite ist hell. An den Seiten haben diese Exemplare helle Streifen. Der Lebensraum des Panama-Raketenfroschs erstreckt sich von Panama bis nach Kolumbien, wo er Höhenlagen bis zu 850 m bewohnt.

Der Frosch wird bis zu 3,5 cm groß. Die Männchen sind kleiner, schlanker und dunkler als die Weibchen. Außerdem kann man sie an ihrem dritten Finger erkennen, der breiter ist, sowie an der Schallblase an der Kehle. Beide Geschlechter zeigen ein ausgeprägtes Territorialverhalten.

Besonderheit: Der Panama-Raketenfrosch hält sich vorzugsweise auf oder zwischen Steinen in der Nähe von kleinen Bächen auf. Vor allem die Männchen sitzen gerne auf Steinen und geben von dort aus ihre zirpenden Rufe von sich. Pro Gelege werden zehn bis 30 Eier produziert, manchmal mehr. Das Weibchen transportiert die Quappen in ruhige Bereiche eines kleinen Bachs. Die Quappen können gemeinsam aufwachsen. Bereits im Alter von zwölf bis 14 Monaten tritt bei den Jungfröschen die Geschlechtsreife ein.

Anforderungen: Im Terrarium sollte es mehrere Laichhütten geben. Ganz wichtig ist ein fließendes Gewässer, das in eine Uferlandschaft integriert ist. Ein Wasserstand von 8 bis 10 mm ist ausreichend. Im Wasser sollten Steine liegen, die knapp aus dem Wasser herausragen. Diese Steine sind meist die Sitzplätze der rufenden Männchen.

Die Wassertemperatur liegt günstigerweise bei 22 °C, die Lufttemperatur zwischen 22 und 26 °C, wobei es nachts um rund 3 °C kühler werden sollte. Der Frosch braucht eine hohe Luftfeuchtigkeit von 95 bis 100 %, was aber durch den Wasserlauf im Allgemeinen gewährleistet ist. Der Panama-Raketenfrosch ist ein Bodenbewohner und wenig kletterfreudig. In größeren Terrarien ist eine Gruppenhaltung möglich. Als Futter eignen sich kleine bis mittelgroße Insekten. Fruchtfliegen werden nur ungern gefressen.

Colostethus talamancae, Talamanca-Raketenfrosch

Der Talamanca-Raketenfrosch ist nur für den wahren Pfeilgiftfroschfan geeignet. Denn dieser Frosch ist zum Einen scheu und aggressiv, zum Anderen recht unscheinbar. Der Rücken hat eine braune Farbe mit einem helleren Streifen. Die Bauchseite ist deutlich heller. Der natürliche Lebensraum erstreckt sich von Costa Rica über Panama bis nach Kolumbien. Dort bewohnen die Frösche die Tieflandregenwälder in bis zu 800 m Höhe.

Diese Frösche werden maximal 2,8 cm groß. Die Weibchen sind auch hier etwas fülliger als die Männchen, außerdem ist ihr Rückenstreifen dunkler. Das Rufen der

Männchen ist laut und hell. Die Gelege bestehen aus zehn bis 30 Eiern. Das Männchen trägt die Kaulquappen zum Wasser. Sie können gemeinsam aufgezogen werden. Im Alter von zwölf bis 14 Monaten tritt die Geschlechtsreife ein.
Anforderungen: Die Tagestemperatur sollte bei 24 bis 27 °C liegen und nachts um 3 bis 4 °C absinken. Die erforderliche Luftfeuchtigkeit beträgt 80 bis 95 %. In der Heimat der Art findet zwischen Mai und September eine Regenzeit statt. Daher sollte das Terrarium während der warmen Monate mehrmals täglich, vor allem morgens, besonders kräftig eingenebelt werden.
Diese Frösche sind Bodenbewohner, die sich stets in der Laubschicht aufhalten. Man findet sie immer in der direkten Umgebung von Wasser. Doch breitere Bäche oder gar Flüsse mögen sie nicht. Sie bevorzugen Mini-Bäche, Rinnsale oder feuchte Senken. Deswegen sollte kein Bachlauf, sondern nur ein Wasserteil im Terrarium installiert werden. Diese Frösche klettern nicht, brauchen aber viele Versteckmöglichkeiten. Wegen des ausgeprägten Territorialverhaltens ist eine Gruppenhaltung kaum möglich. Dafür können Talamanca-Raketenfrösche im Terrarium bis zu zehn Jahre alt werden. Gefressen werden die üblichen Futtertiere.

Die Gattung *Minyobates*

Sie sind die Winzlinge unter den Pfeilgiftfröschen und erreichen nur eine Größe von 1,5 bis 2,1 cm. Die Vertreter dieser Gattung haben deutlich breitere Fingerkuppen, wobei der erste Finger kürzer ist als der zweite. Entweder sind die Frösche einfarbig (rot) oder sie besitzen schmale Streifen.
Für die Haltung im Terrarium eignen sich nur zwei Arten: *Minyobates fulguritus* und *M. minutus*. Beide werden nur 1,6 cm groß. Da die Zwerge entsprechendes Mini-Futter (beispielsweise Mücken) brauchen, gehören sie nur in die Hände von Terrarianern mit sehr viel Erfahrung. Vor allem die Aufzucht der Jungfrösche ist schwierig. Pro Gelege werden nur zwei bis sechs Eier gelegt, und die Jungtiere bewältigen nicht einmal größere Springschwänze.

Schlussbemerkung

Dieser Querschnitt kann naturgemäß nur einen kleinen Teil der großen Welt der Pfeilgiftfrösche beleuchten. Auch ist das Wissen um die Pflege und Zucht dieser faszinierenden Amphibien heutzutage immer noch nicht mit dem Kenntnisstand bei anderen Haustieren zu vergleichen. Das hängt auch damit zusammen, dass die „Fangemeinde" der Pfeilgiftfrösche noch relativ klein ist. Pfeilgiftfrösche sind nach wie vor ein seltenes Hobby. Viele Menschen wissen immer noch nicht, dass es sie überhaupt gibt.
Deswegen beruhen sämtliche Pflegetipps auf Praxiserfahrungen. Um eine Orientierungshilfe leistenzukönnen, wurden sie mehr oder weniger verallgemeinert. Das fängt vom Aussehen der Arten an, das unendlich viele Variationen kennt, und hört mit den Anforderungen auf.
Manche Pfeilgiftfroschpfleger werden andere Beobachtungen und Erfahrungen als die hier dargestellten machen. So kommt es durchaus vor, dass dem Einen die Pflege einer – an sich schwierigen – Art gut gelingen kann, während ihm ein „Anfängerfrosch" Probleme bereitet.

Dennoch hat sich das Know how der Terraristik in den letzten Jahren erheblich weiterentwickelt. Das zeigt sich auch an der gestiegenen Lebenserwartung der Frösche. Größere Arten werden bei guter Haltung problemlos zehn bis zwölf Jahre alt. Manche Frösche erreichen sogar das stolze Alter von 18 Jahren. Kleinere werden gut und gerne fünf bis sechs Jahre alt.

Die beste Möglichkeit, um sich weiter ins Hobby einzufuchsen, sind Treffen mit Gleichgesinnten. Eine hervorragende Möglichkeit dafür bieten die Pfeilgiftfrosch-Stammtische. Diese Runden finden mittlerweile in vielen Städten statt. Normalerweise kommt man einmal pro Monat zusammen und redet dann über nichts anderes als über Pfeilgiftfrösche. Manchmal werden auch Vorträge gehalten. Termine erfahren Sie unter: www.froschnetz.de.

Auf organisierter Vereinsebene gibt es für Froschliebhaber desweiteren die Deutsche Gesellschaft für Herpetologie und Terrarienkunde (DGHT). In der Arbeitsgruppe Anuren haben sich Teilnehmer mit dem Interessenschwerpunkt „Frösche“ zusammengefunden. Diese AG hat sich unter anderem auf die Erforschung und Nachzucht der tropischen Pfeilgiftfrösche konzentriert. Außerdem führt sie interessante Tagungen durch. Weitere Infos finden Sie unter: www.dght.de.

Überhaupt lohnt sich der Blick ins Internet. Zu den empfehlenswerten Seiten gehören: www.pfeilgiftfroesche.de, www.datz.de und www.exotics.net.

Dort bekommt man Tipps zur Haltung und Pflege, Infos über Termine und man kann sich in den Foren mit anderen Froschliebhabern austauschen.

Die besten Vorraussetzungen für eine erfolgreiche Haltung und Zucht ist immer die artgerechte Pflege. Für Kinder sind diese Amphibien nur geeignet, wenn ihre Eltern selbst Pfeilgiftfroschbesitzer sind. Mindestalter: zehn, besser zwölf Jahre. Da die Vermehrung der faszinierenden Frösche aufgrund der Bedrohung vieler der Arten immer wichtiger wird, sollten die heiklen unter diesen Fröschen immer den Profis vorbehalten bleiben. Aber lassen Sie sich davon nicht entmutigen: Auch die Profis waren mal Anfänger.

Literatur:

Divossen, H. 1999. Erfahrungen mit kleinen Pfeilgiftfröschen.

Schmidt, M. [Hrsg.] 2000. Pfeilgiftfrösche. Draco, Münster, Nr. 3.

Henkel, F.-W. & Schmidt, W. 1997. Terrarien Bau und Einrichtung. Stuttgart.

Heselhaus, R. 1988. Pfeilgiftfrösche. Stuttgart.

Mutschmann, F. 1998. Erkrankungen der Amphibien. Berlin.

Schmidt, G. 2001. Wie pflege ich: Pfeilgiftfrösche. Münster.

Schmidt, W. & Henkel, F.-W. 1999. Pfeilgiftfrösche im Terrarium. Münster.

Schulte, R. Pfeilgiftfrösche – Artenteil Peru. INIBICO.

Schwarz, B. & Schwarz, W. 2001. Bromelien, Orchideen und Farne im Tropenterrarium. Münster.

Ulber, T. 1995. Ratgeber Pfeilgiftfrösche. Ruhmannsfelden.

Walls, J.G. 1995. Pfeilgiftfrösche im Terrarium. Ruhmannsfelden.

Ihr Hobby Terraristik

... die besonderen Bücher für den ambitionierten Terrarianer. Jeder der 96seitigen Titel ist mit 80 bis 120 Abbildungen reich bebildert und wird dank des exklusiven, hochglänzenden FotoFinish zum wahren Augenschmaus.

ISBN 3-89860-084-X
bede-Nr. HO 424

€ 12,80
A-€ 13,20 · sFr 23,50

ISBN 3-89860-104-8
bede-Nr. HO 426

€ 12,80
A-€ 13,20 · sFr 23,50

ISBN 3-933646-39-1
bede-Nr. HO 397

€ 12,80
A-€ 13,20 · sFr 23,50

ISBN 3-933646-34-0
bede-Nr. HO 412

€ 12,80
A-€ 13,20 · sFr 23,50

ISBN 3-933646-40-5
bede-Nr. HO 398

€ 12,80
A-€ 13,20 · sFr 23,50

ISBN 3-933646-20-0
bede-Nr. HO 399

€ 12,80
A-€ 13,20 · sFr 23,50

ISBN 3-933646-18-9
bede-Nr. HO 401

€ 12,80
A-€ 13,20 · sFr 23,50

ISBN 3-933646-16-2
bede-Nr. HO 402

€ 12,80
A-€ 13,20 · sFr 23,50

ISBN 3-933646-15-4
bede-Nr. HO 403

€ 12,80
A-€ 13,20 · sFr 23,50

ISBN 3-89860-011-4
bede-Nr. HO 417

€ 12,80
A-€ 13,20 · sFr 23,50